MATIAS AIRES

REFLEXÕES SOBRE A VAIDADE DOS HOMENS

AF728617

Principis

Esta é uma publicação Principis, selo exclusivo da Ciranda Cultural
© 2020 Ciranda Cultural Editora e Distribuidora Ltda.

Texto
Matias Aires

Produção editorial e projeto gráfico
Ciranda Cultural

Preparação, diagramação e revisão
Project Nine Editorial

Imagens
Martyshova Maria/Shutterstock.com;
Wiktoria Matynia/Shutterstock.com;

Dados Internacionais de Catalogação na Publicação (CIP) de acordo com ISBD

A298r Aires, Matias, 1705-1763

Reflexões sobre a vaidade dos homens / Matias Aires. - Jandira, SP : Principis, 2020.
144 p. ; 16cm x 23cm. – (Literatura Clássica Mundial)

Inclui índice.
ISBN: 978-65-5552-070-5

1. Literatura brasileira. I. Título. II. Série.

CDD 869.8992
2020-1177 CDU 821.134.3(81)

Elaborado por Vagner Rodolfo da Silva - CRB-8/9410

Índice para catálogo sistemático:
1. Literatura brasileira 869.8992
2. Literatura brasileira 821.134.3(81)

1ª edição em 2020
www.cirandacultural.com.br
Todos os direitos reservados.
Nenhuma parte desta publicação pode ser reproduzida, arquivada em sistema de busca ou transmitida por qualquer meio, seja ele eletrônico, fotocópia, gravação ou outros, sem prévia autorização do detentor dos direitos, e não pode circular encadernada ou encapada de maneira distinta daquela em que foi publicada, ou sem que as mesmas condições sejam impostas aos compradores subsequentes.

Ofereço a Vossa Majestade as reflexões sobre a vaidade dos homens[1]*; isto é o mesmo que oferecer em um pequeno livro aquilo de que o mundo se compõe, e que só Vossa Majestade não tem: feliz indigência, e que só em Vossa Majestade se acha. Declamei contra a vaidade, e não pude resistir à vaidade inocente de pôr estes discursos aos reais pés de Vossa Majestade; para que os mesmos pés, que heroicamente pisam-nas, se dignem proteger estas Reflexões. Mas que muito, Senhor, que elas estejam só aos pés de Vossa Majestade, se as virtudes o ocupam todo? Alguma vez se havia de ver a vaidade sem lugar.*

Têm os homens em si mesmos um espelho fiel, em que vêm, e sentem a impressão, que lhes faz a vaidade: Vossa Majestade só neste livro a pode sentir, e ver; e assim para Vossa Majestade saber o que a vaidade é, seria necessário que a estudasse aqui. Quanto dariam os homens, e quanto valeriam mais, se pudessem, ainda que fosse por estudo, alcançar uma ignorância tão ditosa. Não é só nesta parte, Senhor, em que vemos um prodígio em Vossa Majestade. As gentes penetradas de admiração, e de respeito, acham unidos em Vossa Majestade muitos atributos gloriosos, que raramente se puderam unir bem; e com efeito, quando se viu senão agora, sentar-se no mesmo Trono a Soberania e a Benignidade, a Justiça e a Clemência, o Poder supremo e a Razão? Em Vossa Majestade ficarão concordes, e fáceis aqueles impossíveis.

A mesma providência quis manifestar o rei, que preparava para a sua Lusitânia; assim o mostrou logo, porque o Oriente, ou régio berço, em que Vossa Majestade amanheceu, nunca viu figura tão gentil; nesta se fundou o primeiro anúncio da felicidade portuguesa, e foi a voz do Oráculo por onde a natureza se explicou. Não foi preciso que os sucessos verificassem aquele vaticínio, porque Vossa Majestade assim que veio ao mundo, só com se mostrar, disse o que havia de ser. Um semblante augusto, mas cheio de bondade e agrado, foi o penhor precioso das nossas esperanças: venturoso e claro presságio, pois se fez entender até pela mesma forma exterior.

---

1. Matias Aires – filósofo de nome Matias Aires Ramos da Silva de Eça – publicou suas obras em Portugal e a primeira edição deste título data de 1752. Portanto, foi necessário atualizar todos os verbetes lusitanos, assim como manter algumas construções sintáticas a fim de respeitar o léxico do autor. (N.R.)

Chegou finalmente o tempo em que os acertos de Vossa Majestade persuadem, que há uma arte de reinar, essa não podem os monarcas aprender, Deus a infunde, não em todos, mas naqueles só a quem as virtudes mais sublimes fizeram merecer um favor celeste: isto dizem as resoluções de Vossa Majestade; elas mostram que não foram aprendidas, inspiradas sim. Por isso as primeiras ações de Vossa Majestade não se distinguem das que se vão seguindo; todas são iguais, e todas grandes; aqueles prelúdios, ou ensaios, não cedem na perfeição a nenhuma parte da obra: daqui vem o parecer, que Vossa Majestade não só nasceu para reinar, mas que já sabia reinar quando nasceu.

Pelas mãos da idade recebem os soberanos a experiência de mandar. Vossa Majestade sem depender dos anos, logo com o poder, recebeu a ciência de usar dele: o que os mais devem ao exercício, Vossa Majestade só o deve à Onipotência; por isso as disposições todas de Vossa Majestade são justas, porque com elas se justifica Deus. Aos outros reis servem os homens por força do preceito; a Vossa Majestade servem por obrigação da lei, e também por obrigação do amor; destes dois vínculos, não sei qual é maior, mas é certo que um deles é violento às vezes, o outro é suave sempre; porque as cadeias, ainda as que são mais prezadas, ficam sendo leves, quando é o amor quem as faz, e as suporta. Todos sabem, Senhor, que antes que as nossas vozes aclamassem Vossa Majestade já o tinham aclamado os nossos corações; nestes levantou o mesmo amor o primeiro trono a que Vossa Majestade subiu; e se é certa aquela memorável profecia, que promete a um rei de Portugal o ser senhor de toda a terra, já podemos crer que chegou o tempo de cumprir-se, e esta fé deve fundar-se nas virtudes vossas: e enquanto não chega a feliz hora de vermos na mão de Vossa Majestade o Cetro universal, já vemos que digno dele; sendo que é mais glorioso o merecer, do que o alcançar. Que vossa Real Pessoa guarde Deus infinitos anos.

PRÓLOGO AO LEITOR

Eu que disse mal das vaidades, vim a cair na de ser autor: verdade é que a maior parte destas reflexões escrevi sem ter o pensamento naquela vaidade; houve quem a suscitou, mas confesso que consenti sem repugnância, e depois quando quis retroceder, não era tempo, nem consegui ser anônimo. Foi preciso pôr o meu nome neste livro, e assim fiquei sem poder negar a minha vaidade. A confissão da culpa costuma fazer menor a pena.

Não é só nesta parte em que sou repreensível: é pequeno este volume, mas pode servir de campo largo a uma censura dilatada. Uns hão de dizer que o estilo oratório, e cheio de figuras, era impróprio na matéria; outros hão de achar que as descrições, com que às vezes me afasto do sujeito, eram naturais em verso, e não em prosa; outros dirão que os conceitos não são justos, e que alguns já foram ditos; finalmente outros hão de reparar, que afetei nas expressões alguns termos desusados e estrangeiros. Bem sei que contra o que eu disse, há muito que dizer; mas é tão natural nos homens a defesa, que não posso passar sem advertir, que se os conceitos neste livro não são justos, é porque em certo gênero de discursos, estes não se devem tomar rigorosamente pelo que as palavras soam, nem em toda a extensão, ou significação delas. Se os mesmos conceitos se acham ditos, que haverá que nunca o fosse? E, além disto, os primeiros princípios, ou as primeiras verdades, são de todos, nem pertencem mais a quem as disse antes, do que àqueles que as disseram depois. Se o estilo é impróprio, também pode ponderar-se que no modo de escrever, às vezes se encontram umas tais imperfeições, que têm não sei que gala e brio: a observância das regras nem sempre é prova da bondade do livro; muitos escreverão exatamente, e segundo os preceitos da arte, mas nem por isso o que disseram foi mais seguido, ou aprovado: a arte leva consigo uma espécie de rudeza; a formosura atrai por si só, e não pela sua regularidade, desta sabe afastar-se a natureza, e então é que se esforça, e produz coisas admiráveis; do fugir das proporções e das medidas, resulta muitas vezes uma fantasia tosca e impolida, mas brilhante e forte. Nada disto presumo se ache aqui; o que disse, foi para mostrar, que ainda em um estilo impróprio se pode achar alguma propriedade feliz e agradável.

Escrevi das vaidades mais para instrução minha que para doutrina dos outros, mais para distinguir as minhas paixões, que para que os outros distingam as suas, por isso quis de alguma forma pintar as vaidades com cores lisonjeiras, e que as fizessem menos horríveis e sombrias, e por consequência, menos fugitivas da minha lembrança e do meu conhecimento. Mas se ainda assim fiz mal em formar das minhas reflexões um livro, já não posso me emendar por esta vez, senão comprometer que não hei de fazer outro; e esta promessa entro a cumprir já, porque em virtude dela ficam desde logo suprimidas as traduções de Quinto Curcio[2] e de Lucano. As ações de Alexandre e Cesar[3], que estavam brevemente para sair à luz no idioma português, ficam reservadas para serem obras póstumas, e talvez então sejam bem-aceitas; porque os erros facilmente se desculpam em favor de um morto; se bem que pouco vale um livro quando, para merecer algum sufrágio, necessita que primeiro morra o seu autor; e com efeito é certo que então o aplauso não procede de justiça, mas vem por compaixão e lástima.

Não me obrigo, porém, a que (vivendo quase retirado) deixe de ocupar o tempo em escrever em outra língua; e ainda que a vulgar é um tesouro, que contém riqueza imensa para quem se souber servir dela, contudo não sei que fatalidades me tem feito olhar com susto e desagrado para tudo quanto nasceu comigo; além disto, as letras parecem que tem mais fortuna quando estão separadas do lugar em que nasceram; a mudança de linguagem é como uma árvore que se transplanta, não só para frutificar melhor, mas também para ter abrigo.

Vale.

---

2. Quinto Curcio: historiador que escreveu sobre a vida de Alexandre, o Grande; Lucano: poeta, autor da obra *Farsália*, que trata da Guerra Civil entre Júlio César e Pompeu. (N.E.)

3. Alexandre: Alexandre, o Grande, também conhecido como Alexandre Magno, foi rei da Macedônia durante o século IV a.C.; Cesar: Júlio César, primeiro imperador romano. (N.E.)

LICENÇAS DO SANTO OFÍCIO

Aprovação do M. R. P. M. Fr. Marcos de Santo Antônio, Religioso da Ordem de S. Agostinho, Qualificador do Santo Ofício, etc.

ILUSTRÍSSIMOS SENHORES.

Revi por ordem de Vossas Ilustríssimas o livro intitulado *Reflexões sobre a vaidade dos homens*, que pretende imprimir seu autor Matias Aires Ramos da Silva de Eça: parece-me não conter coisa que se oponha à nossa Santa Fé ou bons costumes, e que merece que lhe concedam Vossas Ilustríssimas a liçença que pede. Esse é o meu parecer: *salvo tamem semper*, etc.

Graça de Lisboa, 4 de maio de 1752.

Fr. Marcos de Santo Antônio.

Aprovação do M. R. P. M. Joseph Troiano, da Congregação do Oratório, Qualificador do Santo Ofício, etc.

Concordo com o P. M. Qualificador supra, em que estas reflexões não contêm coisa alguma contra a Fé ou bons costumes. Vossas Ilustríssimas ordenarão o que forem servidos.

Lisboa, Congregação do Oratório, 12 de maio de 1752.

Joseph Troyano.

Vistas as informações, pode-se imprimir o livro de que se trata, e depois voltará conferido para se dar licença que corra, sem a qual não correrá.

Lisboa, 12 de maio de 1752.

Alencastre. Silva. Abreu. Trigoso.

Silveiro Lobo. Castro.

Aprovação do M. R. P. M. Ff. Norberto de Santo Antônio da Ordem de Santo Agostinho, Qualificador do Santo Ofício, etc.

EXCELENTÍSSIMO SENHOR.

Vi por ordem de Vossa Excelência este livro das *Reflexões sobre a vaidade dos homens,* e nele não achei coisa alguma contra a Fé ou bons costumes; antes me parece obra doutrinal, útil e ordenada para fugir de um vício tão transcendente e predominante, e como tal, digna de sair à luz. Vossa Excelência mandará o que for servido.

Convento da Graça, 5 de Junho de 1752.

Fr. Norberto de S. Antônio.

Vista a informação, pode se imprimir o livro de que se trata, e depois torne para se dar licença para correr. Lisboa, 8 de julho de 1752.

D. J. Arcebispo de Lacedemônia.

Aprovação do M. R. P. M. Francisco Ribeiro da Companhia de Jesus, reitor do Colégio do S. Patrício, etc.

SENHOR.

Vi por ordem de Vossa Majestade o papel, ou livro intitulado *Reflexões sobre a vaidade dos homens,* composto por Matias Aires Ramos da Silva de Eça, e em todo ele não achei coisa alguma que se oponha ao Real serviço de Vossa Majestade e crédito do reino; antes me parece muito útil para despertar aos homens engolfados no desvanecimento do mundo, do letargo, e esquecimento da vida eterna, e os deixar surdos para as enganosas adulações da vaidade, vício tão antigo como o mesmo mundo, e tão universal como os mesmos homens, aos quais segue em vida, e de ordinário não desampara na morte. E como todas estas reflexões me parecem desenganos acertados para a salvação, claro está, que nenhum me fica para a censura, e por isso julgo serem dignas de que Vossa Majestade conceda a seu autor a licença, que pede. Vossa Majestade mandará o que for servido.

Lisboa, Colégio de S. Patrício, Seminário de Irlandeses, 17 de junho de 1752.

Francisco Ribeiro.

Que se possa imprimir vistas as licenças do Santo Ofício, e Ordinário, e depois de impresso tornará a esta Mesa para se conferir, e taxar, e dar licença para correr, sem a qual não correrá.

Lisboa, 22 de junho de 1752.

Ataíde Vaz de Carvalho Castro Mourão.

Pode correr. Lisboa, 28 de julho de 1752.

Alencastro (sic.) *Silva Abreu Trigoso.*

Silveiro Lobo Castro.

Pode correr. Lisboa, 30 de julho de 1752.

D. J. Arcebispo de Lacedemônia.

Que possa correr e taxam em quatrocentos réis em papel.

Lisboa, 1º de agosto de 1752.

Marquez P. Ataíde Vaz de Carvalho Castro Mourão.

Vanitas vanitatum, et omnia vanitas[4].
Eclesiastes 1:2

4. Vaidade de vaidades, tudo é vaidade. (N.E.)

REFLEXÕES SOBRE A VAIDADE DOS HOMENS

Sendo o termo da vida limitada, não tem limite a nossa vaidade; porque dura mais do que nós mesmos e se introduz nos aparatos últimos da morte. Que maior prova do que a fábrica de um elevado mausoléu? No silêncio de uma urna depositam os homens as suas memórias, para com a fé dos mármores fazerem seus nomes imortais, querem que a suntuosidade do túmulo sirva de inspirar veneração, como se fossem relíquias as suas cinzas, e que corra por conta dos jaspes a continuação do respeito. Que frívolo cuidado! Esse triste resto daquilo que foi homem já parece um ídolo colocado em um breve, mas soberbo, domicílio que a vaidade edificou para habitação de uma cinza fria, e desta declara a inscrição o nome e a grandeza. A vaidade até se estende a enriquecer de adornos o mesmo pobre horror da sepultura.

Vivemos com vaidade, e com vaidade morremos; arrancando os últimos suspiros, estamos dispondo a nossa pompa fúnebre, como se em hora tão fatal o morrer não bastasse para ocupação: nessa hora, em que estamos para deixar o mundo, ou em que o mundo está para nos deixar, entramos a compor, a ordenar o nosso acompanhamento e assistência funeral; e com vanglória antecipada nos pomos a antever aquela cerimônia, a que chamam as nações últimas honras, devendo antes chamá-la vaidades últimas. Queremos que em cada um de nós se entregue à terra com solenidade, e fausto, outra infeliz porção de terra: tributo inexorável! A vaidade no meio da agonia nos faz saborear a ostentação de um luxo, que nos é posterior, e nos faz sensíveis às atenções que hão de dirigir-se à nossa insensibilidade. Transportamos para o tempo da vida aquela vaidade de que não podemos ser capazes depois da morte: nisto é piedosa conosco a vaidade; porque em instantes cheios de dor e de amargura não nos desampara; antes nas disposições de uma pompa fúnebre, dá ao nosso cuidado uma aplicação, ainda que triste, e faz com que divertido e empregado o nosso pensamento chegue a contemplar vistosa a nossa mesma morte, e luzida a nossa mesma sombra.

De todas as paixões, quem mais se esconde é a vaidade: e se esconde de tal forma que a si mesma se oculta e ignora: ainda as ações mais pias nascem muitas vezes de uma vaidade mística, que quem a tem não a conhece nem distingue: a satisfação própria, que a alma recebe, é como um espelho em que nos vemos superiores aos demais homens pelo bem que obramos, e nisso consiste a vaidade de obrar o bem.

Não há maior injúria que o desprezo; e é porque o desprezo todo se dirige e ofende a vaidade; por isso a perda da honra aflige mais que a da fortuna; não porque esta deixe de ter um objeto mais certo, e mais visível, mas porque aquela toda se compõe de vaidade, que é em nós a parte mais sensível. Poucas vezes se expõe a honra por amor à vida, e quase sempre se sacrifica a vida por amor à honra. Com a honra que adquire, se consola o que perde a vida; porém o que perde a honra, não lhe serve de alívio à vida que conserva: como se os homens mais nascessem para terem honra, que para terem vida, ou fossem formados menos para existirem no ser, que para durarem na vaidade. Justo fora, que amassem com excesso a honra se esta não fosse quase sempre um desvario, que se sustenta na estimação dos homens e só vive da opinião deles.

O não fazer caso do que é vão também pode nascer de uma excessiva vaidade, e a este grau de vaidade não chega aquela, que é medíocre e ordinária; e desta sorte o excesso no vício da vaidade vem a produzir a aparência de uma virtude, que é a de não ser vaidoso: e, com efeito, assim como o excesso na virtude parece vício, também o excesso no vício vem de algum modo a parecer virtude. Na maior parte dos homens se acham os mesmos gêneros de vaidade, e quase todos se desvanecem dos mesmos acidentes de que estão, ou se imaginam, revestidos: porém alguns há em quem a vaidade é misteriosa e esquisita; porque consiste em desprezar a mesma e em não fazer caso dos motivos, em que se funda a vaidade dos outros.

Trazem os homens entre si uma contínua guerra de vaidade; e conhecendo todos a vaidade alheia, nenhum conhece a sua: a vaidade é um instrumento que tira dos nossos olhos os defeitos próprios, e faz com que apenas os vejamos em uma distância imensa, ao mesmo tempo que expõem à nossa vista os defeitos dos outros ainda mais perto, e maiores do que são. A nossa vaidade é a que nos faz ser insuportável aos demais; por isso a quem não tivesse vaidade não lhe importaria, nunca, que os outros a tivessem.

Todas as paixões têm um tempo certo em que começam, e em que acabam: algumas são incompatíveis entre si, por isso para nascerem umas é preciso que acabem outras. O ódio e o amor nascem conosco, e muitas vezes se encontram em um mesmo coração, e a respeito do mesmo objeto. A liberdade, a ambição e a avareza são ordinariamente incompatíveis; manifestam-se em certa idade, ou ao menos então adquirem maior força. Não sei se diz-se que as paixões são umas espécies de viventes, que moram em nós, cuja vida e existência, semelhantes à nossa, também têm um tempo certo e limitado; e assim vivem e acabam em nós, da mesma forma que nós vivemos no mundo, e acabamos nele. Com todas as paixões se une a vaidade; a muitas serve de origem principal; nasce com todas elas e é a última que acaba: a mesma humildade, com ser uma virtude oposta, também costuma nascer de vaidade; e, com efeito, são menos os humildes por virtude do que os humildes por vaidade; e ainda dos que são verdadeiramente humildes, é raro o que é insensível ao respeito e ao desprezo, e nisto se vê que a vaidade exercita o seu poder ainda donde parece que não o tem.

A vaidade, por ser causa de alguns males, não deixa de ser princípio de alguns bens: das virtudes meramente humanas, poucas se haviam de achar nos homens se neles não houvesse vaidade: não só seriam raras as ações de valor, de generosidade e de constância, mas ainda estes termos ou palavras seriam como bárbaras e ignoradas totalmente. Digamos que a vaidade as inventou. O ser inflexível é ser constante; o desprezar a vida é ter valor: são virtudes que a natureza desaprova e que a vaidade canoniza. A aleivosia, a ingratidão e a deslealdade são vícios notados de vileza, por isso deles nos defende a vaidade; porque esta abomina tudo quanto é vil. Assim se vê que há vícios de que a vaidade nos preserva, e que há virtudes que a mesma nos ensina.

Mas se é certo que a vaidade é vício, parece difícil o haver virtude que proceda dele; porém não será difícil, quando ponderarmos, haver efeitos contrários às suas causas. Quantas dores há que se formam do gosto, e quantos gostos, que resultam da dor! Essa infinita variedade dos objetos tem a mesma causa por origem: as diferentes produções que vemos, todas, se compõem dos mesmos princípios e se formam com os mesmos instrumentos. Algumas coisas degeneram à proporção que se afastam do seu primeiro ser; outras se dignificam, e quase todas vão mudando de forma à medida que se distanciam de si mesmas. As águas de uma fonte a cada passo mudam; porque apenas deixam a brenha ou rocha donde nascem, quando em uma parte ficam sendo limo, em outra, flor, e em outra, diamante. Que outra causa mais é a natureza do que uma perpétua e singular metamorfose?

A vaidade parece-se muito com o amor-próprio, se é que não é o mesmo; e se são paixões diversas, sempre é certo que ou a vaidade procede do amor-próprio, ou este é efeito da vaidade. Nasceu o homem para viver em uma contínua aprovação de si mesmo: as outras paixões nos desamparam em um certo tempo, e só nos acompanham em lugares certos; a vaidade em todo o tempo, e em todo o lugar, nos acompanha e segue, não só nas cidades, mas também nos desertos, não só na primavera dos anos, mas em toda a vida, não no estado da fortuna, mas ainda no tempo da desgraça: paixão fiel, constante companhia e permanente amor.

Nada contribui tanto para a sociedade dos homens como a mesma vaidade deles: os impérios, e repúblicas, não tiveram outra origem, ou ao menos não tiveram outro princípio, em que mais seguramente se fundassem: na repartição da terra não só fez ajuntar os homens os mesmos gêneros de interesses, mas também os mesmos gêneros de vaidades, e nisto vê-se dois efeitos contrários, porque sendo próprio da vaidade separar os homens, também serve muitas vezes de uni-los. Há vaidades, que são universais e compreendem vilas, cidades e nações inteiras: as outras são particulares e próprias a cada um de nós; das primeiras resulta a sociedade, das segundas, a divisão.

Dizem que gostos e desgostos não são mais que imaginação; porém, melhor fora dizer que gostos e desgostos não são mais do que vaidades. Fazemos consistir o nosso bem no modo com que os homens olham para nós e no modo com que falam em nós; e assim até nos fazemos dependentes das ações, e dos pensamentos dos demais, quando cremos que eles nos atendem e consideram esta imaginação que lisonjeia a vaidade, precisamente nos dá gosto: se por alguma causa imaginamos o contrário, a mesma imaginação nos perturba e inquieta. Não há gosto, nem desgosto grande, naquilo em que a imaginação não tem a maior parte, nem a vaidade, empenho.

A vaidade diminui em nós algumas penas; porém aumenta aquelas que nascem dela mesma: a estas nem o esquecimento nem o tempo cura; porque tudo o que ofende a vaidade fica sendo inseparável da nossa memória e da nossa dor. Entre os males da natureza, alguns há que têm remédio; porém os que têm a vaidade por origem são quase todos incuráveis: e verdadeiramente como há de acabar a pena, quando a lembrança da ofensa basta para fazer que dure em nós a aflição? Ou como pode cessar a mágoa, se não cessa a vaidade que a produz? Alguns sentimentos há que se incorporam e se unem de tal forma a nós que vêm a ficar sendo uma parte de nós mesmos.

A imaginação desperta e dá movimento à vaidade; por isso esta não é paixão do corpo, mas da alma; não é vício da vontade, mas do entendimento, pois depende do discurso. Daqui vem que a mais forte, e a mais vã de todas as vaidades, é a que resulta do saber; porque no homem não há pensamento que mais o agrade do que aquele que o representa superior ao mais, e superior no entendimento, que é dele a parte mais sublime. A ciência humana o mais a que se estende é ao conhecimento de que nada se sabe: é saber o saber ignorar, e assim vem a ciência a fazer vaidade da ignorância.

Bem se pode dizer que o juízo é o mesmo que entendimento, porém é um entendimento sólido; por isso pode haver entendimento sem juízo, mas não juízo sem entendimento: ter muito entendimento às vezes prejudica, ter muito juízo sempre é útil: o entendimento é a maior parte que discorre, porém pode discorrer mal; o juízo é a mesma parte que discorre, quando discorre bem (o entendimento pensa, o juízo também obra). Por isso nas ações de um homem conhecemos o seu juízo, e no discurso lhe vemos o entendimento: o juízo duvida antes que resolva, o entendimento resolve primeiro que duvide; por isso este se engana pela facilidade, com que decide, e aquele acerta pelo vagar com que pondera. Ordinariamente falamos no juízo e não no entendimento de Deus, e deve ser pela impressão, que temos de que o juízo é menos sujeito ao erro, que em Deus é impossível: com toda esta vantagem que achamos no juízo, pouco nos desvanece o ter juízo, e muito nos lisonjeia o ter entendimento. Consideramos o juízo como coisa popular, ou somente como uma espécie de prudência sendo aliás coisa muito rara; e olhamos para o entendimento como coisa mais altiva e em que reside a qualidade da agudeza; e assim mais nos agrada discorrermos sutilmente do que discorrermos com acerto, e ainda fazemos vaidade de voltar de tal sorte as coisas que fiquem parecendo o que claramente se sabe que não são. O engano, vestido de eloquência e arte, atrai, e a verdade mal polida nunca persuade. Fazemos vaidade de errar com sutileza, mas temos pejo de acertar rusticamente.

Todos fazem vaidade de ter malícias; nem há quem diga que não a tem, antes é defeito que reconhecemos com gosto e confessamos sem repugnância: a razão é porque a malícia consiste em penetração, por isso não nos defendemos de um defeito que indica termos entendimento. A vaidade faz que não há coisa que não sacrifiquemos ao desejo de parecer entendidos, ainda que seja à custa de um vício ou de uma culpa. Quando nos queremos dar por uma bondade sem exemplo, dizemos que não temos malícia alguma, porém esse pensamento não dura muito em nós; porque a vaidade nos obriga a querermos antes parecer maus com entendimento do que bons sem ele: verdadeiramente a falta de malícia é falta de entendimento; porque malícia propriamente é aquela inteligência, ou ato, que prevê o mal, ou o medita. Por isso é diferente o ter malícia e o ser malicioso: tem malícia quem descobre o mal para o evitar; é malicioso quem o antevê para o exercer (a malícia é uma espécie de arte natural, que se compõe de combinações e consequências, e neste sentido a malícia é uma virtude política). As mais das coisas têm muitos modos em que podem ser consideradas; por isso a mesma coisa pode ser pequena e grande; pode ser má e também boa; pode ser injusta e justa: a vaidade porém sempre se apropria do modo, ou do sentido, em que a coisa em nós fica sendo superior e admirável.

A razão não nos fortalece contra os males que resultam da vaidade, antes nos expõe a toda a atividade deles; porque induzida pela mesma vaidade só nos mostra que devemos sentir, sem discorrer sobre a qualidade do sentimento. No princípio dos nossos desgostos, a razão não serve para diminuí-los, para exasperá-los sim; porque como em nós tudo é vaidade, também a nossa razão não é outra coisa mais do que a nossa mesma vaidade. Sente a razão o que aquela sente, e quando a vimos sentir menos é por cansados, não por advertidos. Daqui vem que as mais das vezes devemos os nossos acertos menos à vontade do que à nossa fraqueza; devemos a nossa moderação menos ao discurso do que à nossa própria debilidade. Deixamos o sentimento por cansados de padecer. A duração do mal, que nos abate, nos cura.

Há ocasiões em que contraímos a obrigação conosco de não admitirmos alívio nas nossas mágoas, e nos armamos de rigor e de aspereza contra tudo o que pode consolar-nos, como querendo que a constância na pena nos justifique e sirva de mostrar a injustiça da fortuna: parece-nos, que o ser firme a nossa dor é prova de ser justa: esta ideia nos inspira a vaidade menos cuidadosa no sossego do nosso ânimo do que atenta em procurar a estimação dos homens. Uma grande pena admira-se e respeita-se: é o que basta para que a vaidade nos faça persistir no sentimento.

Os retiros e as solidões nem sempre são efeitos do desengano, as mais das vezes são delírios de um sentimento vão, ou furores em que brota a vaidade: então nos move o fim oculto de querermos que a demonstração da dor nos faça recomendáveis. Fazemos vaidade de tudo quanto é grande: a mesma pena quando é excessiva, nos lisonjeia; porque nos promete a admiração do mundo.

Buscamos a Deus quando o mundo nos não busca; se alguma ofensa nos irrita, deixamos a sociedade, não por arrependidos, mas por queixosos, e menos por amor a Deus que por aborrecer aos homens. A vaidade nos inspira aquele modo de vingança, e parece, com efeito, que o deixar o mundo é desprezá-lo. Assim será; mas quem deseja vingar-se ainda ama, e quem se mostra ofendido ainda quer. Amamos o mundo e as suas vaidades; porque o amor de coisas vãs é em nós quase inseparável. O mundo e a vida, tudo é o mesmo; e quem há que sem loucura deixe de amar a vida? Tudo no mundo é vão, por isso a vaidade é a que move os nossos passos: para donde quer que vamos, a vaidade nos leva, e imos por vaidade. Mudamos de lugar, mas não mudamos de mundo.

A mesma vaidade que nos separa do comércio dos homens para sepultar-nos na solidão de um claustro, vem depois a conservar-nos nele, e por um mesmo princípio nos conduz, e nos faz permanecer sempre no retiro. Fazem os homens ludíbrio da mudança da vontade, por isso muitas vezes somos firmes só por evitar o desprezo, vindo a parecer persistência na vocação o que só é constância na vaidade. Vivemos temerosos de que as nossas ações se reputam como efeitos da nossa variedade: queremos mudar, mas tememos o parecer vários; e assim a constância na virtude não a devemos à vontade, mas ao receio; não a conservamos por gosto, mas por vaidade (e esta, assim como nos faz confiantes na virtude, também outras vezes nos faz confiantes na culpa).

Há vários termos no progresso da nossa vaidade menos: esta, no primeiro estado da inocência, vive em nós como oculta e escondida, o tempo faz que ela se mova, e se dilate (semelhante às aves, que nascem todas sem penas, ainda que todas em si trazem a matéria delas). A nossa alma está disposta para receber, e concentrar em si, as impressões da vaidade; esta, que insensivelmente se forma do que vemos, do que ouvimos e ainda do que imaginamos, quando cresce em nós é imperceptível, da mesma sorte que cresce imperceptivelmente a luz, e que apenas se distingue a elevação das águas. Nascemos sem vaidade porque nascemos sem uso de razão nem de discurso: quem dissera que aquilo o que nos devia defender do mal é o mesmo que nos conduz a ele e nos precipita! Todas as paixões dão conosco passos iguais no caminho da vida: logo que vimos ao mundo, começamos a ter ódio, ou amor, ou tristeza, ou alegria: só a vaidade vem depois, mas dura sempre, e quando se manifesta é também quando em nós começa a aparecer o entendimento; por isso a emenda da vaidade é tão difícil, porque é erro em que o entendimento tem parte de algum modo.

O homem de uma medíocre vaidade é incapaz de premeditar empresas e de formar projetos: tudo nele é sem calor, a sua mesma vida é uma espécie de letargo, tudo o que procura é com passos vagarosos, cobardes, e descuidados; porque a vaidade é em nós como um espírito dobrado, que nos anima; por isso o homem em que a vaidade não domina é tímido e sempre cercado de dúvida e de receio. A vaidade logo traz consigo o desembaraço, a confiança, o arrojo e a certeza. Presume muito de si quem tem vaidade, por isso é confiado: não presume de si nada quem não tem vaidade, por isso é tímido. A vaidade nos faz parecer, que merecemos tudo, por isso empreendemos e conseguimos às vezes: a falta de vaidade nos faz parecer que não merecemos nada, por isso nem buscamos nem pedimos. Este extremo é raro, o outro é muito comum; daquele se compõe o mundo, deste o céu.

A diferença e desigualdade dos homens, é uma das partes em que se estabelece a sociedade, por isso esta se funda em princípios de vaidade; porque só a vaidade sabe corporificar ideias e fazer diferente, e desigual o que é composto por um mesmo modo, e organizado de uma mesma forma. Os homens mais vaidosos são os mais próprios para a sociedade: aqueles que por temperamento, por razão ou por virtude se fazem menos sensíveis aos impulsos da vaidade, são os que pela sua parte contribuem menos na comunicação dos homens; ocupados em uma vida mole, isenta e sem ação, só buscam no descanso a fortuna sólida e desprezam as imagens de que se compõe a vaidade da vida civil.

A desordem dos homens parece que é precisa para a conservação da sociedade entre eles: é preciso, com efeito, que sejamos loucos e que deixemos muitas vezes a realidade das coisas, só por seguir a aparência e vaidade delas. Que maior loucura que a que nos expõe a perder a vida na expectação de podermos servir de objeto ao vaidoso ruído da fama? Que maior delírio que sacrificarmos o descanso ao desejo de sermos admirados? Que desvario maior que o fazer ídolo da reputação, fazendo-nos por essa causa dependentes não só das ações dos homens, mas também das suas opiniões; não só das suas obras, mas também dos seus conceitos?

A vaidade nos ensina que as ações heroicas se fazem imortais por meio das narrações da história; porém mal podem caber na lembrança dos homens todos os grandes sucessos, de que se compõe a variedade do mundo: ainda o mesmo pensamento tem limite, por mais que nos pareça imensa a sua esfera. Não há história, que verdadeiramente seja universal: quantos Aquiles terão havido, cujas notícias se acabaram, só porque não tiveram Homeros que as fizessem durar certo tempo, e isto por meio do encanto de um poema ilustre? Quantas Eneidas sem Virgílios? Quantos Alexandres sem Quintos Cúrcios? Na infância do mundo começaram logo a haver combates, por isso as vitórias sempre foram de todas as idades; porém esses mesmos combates se desfaziam uns a outros; porque a fortuna do vencer sempre foi vária e inconstante. As notícias das vitórias também se vinham a extinguir umas pelas outras. Se quisermos remontar ao tempo que passou, a poucos passos havemos de encontrar a fábula, coberta de um véu escuro, e impenetrável: tudo quanto aquele tempo encerra nos é desconhecido totalmente. Os primeiros homens, que à força de fogo e sangue se fizeram árbitros da terra, nos mesmos fundamentos das suas conquistas, deixaram sepultadas as suas ações: o valor com que puderam perpetuar nos seus descendentes o poder e a majestade, não lhes pode perpetuar o nome; das maiores monarquias ainda se ignora quem foram seus primeiros fundadores.

Que são os homens mais do que aparências de teatro? Tudo neles é representação, que a vaidade guia: a fatal revolução do tempo e o seu curso rápido, que coisa nenhuma para nem suspende, tudo arrasta e tudo leva consigo ao profundo de uma eternidade. Neste abismo, donde entra e nada sai, se vão precipitar todos os sucessos, e com eles todos os impérios. Os nossos antepassados já vieram e já foram; e nós daqui a pouco seremos também antepassados dos que hão-de vir. As idades se renovam, a figura do mundo sempre muda, os vivos e os mortos continuamente se sucedem, nada fica, tudo se usa, tudo acaba. Só Deus é sempre o mesmo, os seus anos não têm fim, a torrente das idades e dos séculos corre diante dos seus olhos e ele vê a vaidade dos mortais, que ainda quando vão passando o insultam e se servem desse mesmo instante, em que passam, para o ofenderem. Miseráveis homens, gênero infeliz, que nesse momento que lhes dura a vida preparam a sua mesma reprovação; e que tendo vaidade, que lhes faz parecer que tudo meditam, que tudo sabem, e que tudo preveem, só a não têm para anteverem as vinganças de um Deus irado, e que com o seu mesmo sofrimento e silêncio clama, ameaça, julga, condena!

Acabam os heróis e também acabam as memórias das suas ações; aniquilam-se os bronzes em que se gravam os combates; corrompem-se os mármores em que se esculpem os triunfos: e apesar dos milagres da estampa, também se desvanecem as cadências da prosa em que se descrevem as empresas, e se dissipam as harmonias do verso em que se depositam as vitórias; tudo cede à voracidade cruel do tempo. Acabam-se as tradições muito antes que acabe o mundo; porque a ordem dos sucessos não se inclui na fábrica do Universo; é coisa exterior e indiferente. Os monumentos, que fazem da história a melhor parte e a mais visível, não só se estragam, mas desaparecem, e de tal sorte que nem vestígios deixam por onde ao menos lhes recordemos as ruínas. Não têm mais duração as cinzas dos heróis; porque as mesmas urnas que as escondem, se desfazem e os mesmos epitáfios, por mais que sejam profundos os caracteres, insensivelmente vão fugindo aos nossos olhos, até que se apagam totalmente. Ainda as coisas inanimadas parecem que têm um tempo certo de vida: as pedras, de que se formam os padrões, vão perdendo a união das suas partes, em que consiste a sua dureza, até que vêm a reduzir-se ao princípio comum de tudo; terra e pó.

Por isso é loucura sacrificar a vida por eternizar o nome; porque dos mesmos heróis também morrem o nome e a glória: a diferença é que a vida dos varões ilustres compõe-se de anos, como nos de mais homens, e a vida das suas ações compõe-se de séculos; porém estes acabam, e tudo o que se encerra neles vem a entrar finalmente no caso do esquecimento. Tudo no mundo são sombras que passam; as que são maiores, e mais agigantadas duram mais horas, mas também se extinguem, e do mesmo modo que aquelas que apenas tiveram de existência alguns instantes. O desejo nos finge mil objetos imortais, e entre eles a fama é o que mais nos inclina à vaidade; sendo que o mesmo ar que lhe dilata os ecos, lhe confunde e apaga a voz. Nas coisas é trânsito o que nos parece permanência: A diversidade, que vemos na duração delas, é porque umas gastam mais tempos em acabar que outras; de sorte que propriamente só podemos dizer que as coisas estão acabando, e não que estão sendo.

Porém, destes mesmos delírios resulta e depende a sociedade; porque a vaidade de adquirir a fama infunde aquele valor nos homens, que quase chega a transformá-los em muralhas para defesa das cidades e dos reinos: a vaidade de serem atendidos os reduz à trabalhosa ocupação de indagarem os segredos da divindade, o giro dos astros e os mistérios da natureza; a vaidade de serem leais os faz obedientes, a vaidade de serem amados os faz benignos; e finalmente a vaidade, ou amor da reputação, os faz virtuosos. Daqui vem que o homem sem vaidade entra em um desprezo universal de tudo, e começa por si mesmo: olha para a reputação como para uma fantasia que se forma e se sustenta de um sussurro mutável e de uma opinião sempre inconstante; olha para o valor como para um meio cruel, que a tirania ideou para introduzir no mundo a escravidão; olha para o respeito como para uma cerimônia, ou dependência servil, que indica poder em uns, e nos outros medo, semelhante à estátua de Júpiter, diante da qual todos se prostram, não por amor do ídolo, mas por causa do raio que tem na mão; olha para a benignidade como para um modo ou artifício de atrair a si a inclinação dos outros, e por isso virtude mercenária; olha para a lealdade como para um ato, que precisamente resulta de uma submissão necessária; e ultimamente olha para a fama como para um objeto vago e incerto, e que na realidade vale menos do que custa a conseguir.

Com os anos não diminui em nós a vaidade e, se muda, é só de espécie. A cada passo que damos no discurso da vida, nos oferece um teatro novo, composto de representações diversas, as quais sucessivamente vão sendo objetos da nossa atenção e da nossa vaidade. Assim como nos lugares há também horizonte na idade, continuamente vamos deixando uns e entrando em outros, e em todos eles a mesma vaidade que nos cega nos guia. Nem sempre fomos suscetíveis das mesmas impressões; nem sempre somos sensíveis aos mesmos sentimentos; sempre fomos vaidosos, mas nem sempre domina em nós o mesmo gênero de vaidade.

Há vícios que raramente deixamos se eles primeiro nos não deixam; e quando com o tempo seguirmos o exercício de obrar bem, não é porque o conhecimento, ou a experiência, nos determine, mas porque continuamente os anos nos vão fazendo incapazes de obrar mal; e assim virtudes há que primeiro começam pela nossa incapacidade do que por nós mesmos; e nos nossos acertos a razão é a que quase sempre tem menos parte. Só a vaidade não enfraquece, por mais que o vigor nos falte; como se fora um afeto da alma independente da disposição do corpo.

Não temos alegria se está descontente a vaidade; da mesma sorte que a desgraça não aflige tanto quando se acha a vaidade satisfeita. A mesma morte não se mostra com igual semblante nos suplícios; porque a qualidade deles influi maior ou menor pena: por isso as honras do cadafalso servem de alívio ao delinquente; porque a vaidade, que está vendo a atenção do golpe, deste esconde ao mesmo tempo o horror e, entretida nos faustos do luto, desvia da memória uma grande parte da consideração da ruína.

Para nada ser permanente em nós, até o ódio se extingue: cansamo-nos de aborrecer: a nossa inclinação tem intervalos em que fica isenta da maldade natural; não esquece, porém, o ódio que teve por princípio a vaidade ofendida; assim como nunca o favor esquece quando se dirige, e tem por objeto a vaidade de quem recebe o benefício. A nossa vaidade é a que julga tudo: dá estimação ao favor e regula os quilates à ofensa; faz muito do que é nada; dos acidentes faz substância e sempre faz maior tudo o que diz respeito a si. Nos benefícios, pagamo-nos menos da utilidade que do obséquio: nas ofensas consideramos mais o atrevimento da injúria que o prejuízo do mal; por isso se sente menos a dor das feridas do que o arrojo do impulso; e assim na vaidade nunca se formam cicatrizes firmes e seguras; porque a lembrança do agravo a cada instante as faz abrir de novo e verter sangue.

O corpo não é sensível igualmente em todas as suas partes, umas sofrem e resistem mais; qualquer desconserto em outras é mortal; assim também no corpo da vaidade há partes em que penetra mais o sentimento: daqui vêm inimizades que nem a morte reconcilia, ódios que duram tanto como a vida. Tudo o que nos tira, ou diminui a estimação, nos serve de tormento; porque o respeito é o ídolo comum da vaidade; aquilo que o ofende não se perdoa facilmente, e fica sendo como um sacrilégio irremissível, e como um princípio de donde se originam tantas aversões hereditárias.

Acabando tudo com a morte, só a desonra não acaba; porque o labéu ainda vive mais do que quem o padece. Por mais insensível que esteja um cadáver na sepultura (permita-se a hipérbole) lá parece que a lembrança de uma infância, que existe na memória dos que ficam, lhe serão animadas as cinzas, para fazê-lo capaz de aflição e sentimento: terrível qualidade, cujos efeitos, ou cujo mal, não se acaba ainda depois que acaba quem o tem; sendo a única desgraça que se imprime na alma como um caráter imortal! A morte não serve de limite à desonra; porque esta vai seguindo a posteridade como uma herança bárbara e infeliz. Estes são os pensamentos que a vaidade nos inspira, e como uma paixão inconsolável, até nos persuade que ainda depois de mortos podemos sentir a infâmia: esta diminui a estimação e o respeito; e por isso mortifica tanto; como se a infâmia do delito só consistisse na atenção e opinião dos homens, e não no delito mesmo; ou se só fosse desonra aquela que se sabe, e não aquela que se ignora.

Se a melancolia nos desterra para a solidão do ermo, não deixa de ir conosco a vaidade; e então somos como a ave desgraçada, que por mais que fuja do lugar em que recebeu o golpe, sempre leva no peito atravessada a seta: nunca podemos fugir de nós: para donde quer que vamos levamos os nossos mesmos desvarios, se bem que as vaidades do ermo são vaidades inocentes. A natureza não tem lá por objeto mais do que a si mesma, e a vaidade, que tem na complacência com que se contempla, consiste em refletir sobre os enganos do século e sobre as verdades da solidão; e se alguma vez chega a ser excessiva essa mesma complacência, não importa; porque a vaidade de ser virtuoso também parece que é virtude; e assim vimos a ter naquele caso um vício que nos emenda, e um defeito que nos melhora.

Oh, quanto é especiosa a tranquilidade do deserto! Lá não há ódio nem soberba; não há crueldades nem inveja: estes monstros são feras invisíveis que habitam entre nós para serem ministros fatais das nossas discórdias e das nossas aflições; nascem da nossa sociedade e se sustentam da nossa mesma comunicação, por isso a virtude costuma fugir ao tumulto, porque a nossa maldade não é pelo que toca a cada um de nós, mas pelo que respeita aos outros: fomos perversos por comparação; e reciprocamente uns servimos de objeto às iniquidades dos outros; a vaidade sempre foi origem dos nossos males; mas primeiro que a vaidade foi o comércio comum das gentes; porque dele resulta a vaidade como contágio contraído no trato e conversação dos homens. O nosso entendimento facilmente se infecciona não só com as opiniões próprias, mas também com as alheias; não só com as próprias vaidades, mas também com as dos outros: não sei se seria mais útil ao homem o ser incomunicável.

Vemos confusamente as aparências de que o mundo se compõe: os nossos discursos raramente encontram com a verdade, com a dúvida sempre; de sorte que a ciência humana toda consiste em dúvida. Ainda dos primeiros princípios visíveis e materiais, só conhecemos a existência, a natureza não; porque a contextura do universo é em si unida e regular em forma, que na ordem das suas partes não se podem conhecer umas sem se conhecerem todas; por isso todas se ignoram, porque nenhuma se conhece: só a vaidade costuma decidir sem embaraço, porque não chega a imaginar-se capaz de erro; os homens mais obstinados são os mais vaidosos, e sempre a porfia vem à proporção da vaidade.

Algumas dúvidas há que respeitamos; mas nem a essas perdoa a vaidade, pois nunca quer que fiquem indecisas: mas infelizmente, porque nelas sempre a solução da dúvida vem a consistir em outra dúvida maior. Quase tudo transcende à nossa compreensão, mas nada transcende à nossa vaidade. Naturalmente nos é odiosa a irresolução, e antes nos inclinamos a errar do que a ficar irresolutos: o confessar ignorância é ato a que se opõe a vaidade; sendo que rara é a coisa que se nos mostra sem um certo véu que a esconde, de sorte que não vemos nem buscamos os objetos, mas a sombra deles.

Nas paixões é natural o entreter-nos cada uma com a esperança que lhe é própria; e com efeito nada é mais agradável do que uma esperança lisonjeira. O desejo se deleita em meditar no bem que espera; e a natureza, a quem as paixões têm sempre em ação, não cessa de guiar o pensamento para aquela mesma parte, para donde a nossa inclinação propende; por isso o amor continuamente nos promete que há de acabar a tirania, e que cedo há de vir a feliz correspondência; o ódio nos segura que vem chegando o dia da vingança; e finalmente a vaidade só nos oferece ideias de respeito e de grandeza; e desta sorte não vivemos, esperamos a vida.

Há um gênero de vaidade que toda consiste em procurarmos que se fale em nós; por isso a mesma vaidade inventou a frase de dizer-se, que vive no escuro aquele de quem se não fala; dando a entender que as empresas, por meio das quais se fala nos homens, são a claridade que os mostra e os distingue. Com efeito por mais que vivamos juntos, e nos vejamos sempre, é por um modo como vago e passageiro: as coisas nem por estarem muito perto se veem melhor, e os heróis, o que os faz mais visíveis é a distância, e a desproporção dos outros homens em quem os põem as suas ações; não só os homens, mas ainda os sucessos, quanto mais longe vão ficando, mais crescem e nos vão parecendo maiores, até que os vimos perder da vista, e muitas vezes da memória; porque no tempo também há um ponto de perspectiva, donde como em espelho vão crescendo todos os objetos, e em chegando a um certo termo desaparecem. As empresas que hoje vemos talvez não são inferiores às que a tradição refere do tempo do heroísmo; porém têm de menos o estarem próximas a nós, e as outras têm de mais o valor que recebem de uma antiguidade venerável: aquelas admiramos porque não temos inveja nem vaidade que nos preocupe contra os que passaram há muitos séculos; contra os que existem sim, e destes, se sabemos as ações, também sabemos as circunstâncias delas; por isso as desprezamos, porque é rara a empresa heroica em que não entre algum fim indigno e vil: a mais ilustre ação fica infame pelo motivo.

O que chamamos inveja não é senão vaidade. Continuamente acusamos a injustiça da fortuna e a consideramos ainda mais cega do que o amor na repartição das felicidades. Desejamos o que os outros possuem porque nos parece que tudo o que os outros têm nós o merecíamos melhor; por isso olhamos com desgosto para as coisas alheias, por nos parecer que deviam ser nossas: que é isto senão vaidade? Não podemos ver luzimento em outrem, porque imaginamos que só em nós é próprio: cuidamos que a grandeza só em nós fica sendo natural, e nos mais, violenta. O esplendor alheio passa no nosso conceito por desordem do acaso e por miséria do tempo. Quem diria aos homens que no mundo há outra coisa mais do que fortuna, e que nas honras há predestinação?

Não vivemos contentes se a nossa vaidade não vive satisfeita; ainda temos o bem, que com pouco se alimenta a vaidade. Um riso agradável, que achamos nas pessoas eminentes e que, por mais que seja equívoco, sempre a vaidade o interpreta a seu favor; um obséquio, que tem por princípio a dependência, e em que o interesse se esconde sutilmente; uma submissão, que nos faz crer que os homens têm obrigação de respeitar-nos; uma lisonja, dita com tal arte que fica sendo impossível conhecermos-lhe veneno; qualquer coisa destas, e ainda menos basta, para que a nossa vaidade se reveja e se satisfaça; de sorte que não vivemos alegres se não vivemos vaidosos.

Procuramos ser objetos da memória e assuntos da fama: o nosso fim é querermos que se fale em nós, vindo a ser ambiciosos das palavras dos outros e idólatras das narrações da história. Este delírio nos entrega a aplicação das letras, e nos inspira a inclinação das armas, como dois poios que guiam para uma fingida e sonhada imortalidade. Alguns fogem da sociedade; ou por cansados do tumulto, ou porque conhecem os enganos do aplauso; porém ainda esses lá se formam uma crença vaidosa de que os homens falam neles, e discorrem sobre as causas dos seus retiros. Quantas vezes nos parece que o bosque, que nos serve de muda companhia se magoa dos nossos infortúnios, e que o vale recebe o sentimento das nossas queixas, quando em ecos entrega aos ventos partidos os nossos ais! Parece-nos, que a aurora nasce rindo dos nossos males; que as fontes murmuram dos nossos desassossegos; que as flores crescem para símbolo das nossas delícias; e que as aves festejam os nossos triunfos.

Os homens, a quem a concorrência de acasos felizes faz chamar grandes, presumem que, ainda que deles não depende a existência do mundo, contudo depende deles a ordem e a economia das coisas: todos falam nas suas ações, e nisto consiste a sua maior e mais estimada vaidade. Deixamos livremente o comércio dos homens, mas não renunciamos o viver na admiração e notícia deles; consentimos em apartar-nos de sorte que nunca mais sejamos vistos, mas não consentimos em não ser lembrados, finalmente queremos que se fale em nós: as mesmas sepulturas, que são uns pequenos teatros de horror das sombras, que pelo silêncio.

Mil preceitos há que nos ensinam quão pouco são estimáveis, em si, esses mesmos objetos que buscamos com fadiga: o conhecermos a vaidade das coisas não basta para as não querermos; porque o conhecimento de um mal que se apetece é um meio muito débil para o deixar. No mesmo retiro temos todo o mundo no coração, e neste vivem as paixões então mais concentradas, e por isso mais vigorosas e mais fortes. O ser o lugar mais apertado não nos livra do combate, antes o faz mais arriscado: a vaidade é como o amor, este quando o deixamos, sempre nos fica uma saudade lenta que insensivelmente nos devora; porque é um mal cuja privação se sente como outro mal maior; ainda depois de passados muitos anos, a lembrança que às vezes nos ocorre de um amor, que parece que acabou, sempre nos vem com sobressalto; o coração nunca fica indiferente, e sempre recebe com alvoroço a ideia de um ardor amortecido, e como que o reclama. Verdadeiramente perdida a vaidade, e perdido o amor, que nos fica?

É próprio da vaidade o dar valor a muitas coisas que o não têm, e quase tudo o que a vaidade estima é vão. Que coisa pode haver que tenha em si menos substância do que umas certas felicidades, que ponderada a melhor parte delas consiste ou em palavras, ou em gestos: a denominação de grande, de maior, e de excelente, e as submissões que indicam o respeito fazem uma parte essencial das glórias deste mundo; a primeira não consiste mais do que em palavras; a segunda toda se compõe de gestos. Que importa à felicidade do homem que os outros, quando lhe falam, articulem mais um som que outro, e que nas reverências que introduziu a lisonja, se dobrem mais, ou menos? A vaidade nos faz crer felizes à proporção que ouvimos esta ou aquela voz, e que vemos este ou aquele culto: a vida civil se reduz a um cerimonial composto de genuflexões e de palavras.

Só a vaidade sabe dar existência às coisas que não a têm, e nos faz idólatras de uns nadas que não têm mais corpo, que o que recebem do nosso modo de entender, e nos induz a buscarmos esses mesmos nadas como meios de nos distinguir; sendo que nem Deus nem a natureza nos distinguiram nunca. Na lei universal ninguém ficou isento da dor nem da tristeza; todos nascem sujeitos ao mesmo princípio, que é a vida, e ao mesmo fim, que é a morte: a todos compreende o efeito dos elementos; todos sentem o ardor do sol, e o rigor do frio; a fome, e a sede; o gosto, e a pena, é comum a tudo aquilo que respira. O Autor do mundo fez o homem sobre uma mesma ideia uniforme e igual, e na ordem com que dispôs a natureza não conheceu exceções nem privilégios: nunca o homem pode ser mais nem menos do que homem; e por mais que a vaidade lhe esteja sugerindo uns certos atributos, ou certas qualidades que o fazem parecer maior e mais considerável que os demais homens, essas mesmas qualidades, ainda sendo verdadeiras, sempre são imaginárias; porque também há verdades fantásticas, e compostas somente de ilusões.

A vaidade é cheia de artifício e se ocupa em tirar da nossa vista e da nossa compreensão o verdadeiro ser das coisas, para lhes substituir um falso, aparente. De que serve a púrpura, mais que de encobrir o homem a si mesmo, e uma figura simples, comum, e igual em todos, mostrá-la desfigurada, e outra debaixo de um véu puramente exterior? Tudo o que se esconde fica com caráter de mistério, e por isso com veneração e com respeito: a vaidade foi o primeiro artífice que se inventou para distinguir os homens pela especialidade do ornato e pela singularidade da cor;

assim são as distinções que a vaidade nos procura; nenhuma é, nem pode ser, em nós, mas nas coisas que nos cobrem.

Só a vaidade dos reis é vaidade justa, porque a Providência, já quando os formou para a dominação, logo os destinou para figuras da divindade, e com uma semelhança mais que material e indiferente; porque a mesma essência de que são imagens, parece que lhes comunica uma porção da ideia que representam. Por mais que os sucessos sejam regidos pelo acaso, contudo aos reis não os faz a fortuna nem o valor; mas sim àquela mesma inteligência, que dá os primeiros e principais movimentos ao Universo. Ainda nos orbes celestes vemos alguns corpos que aparentemente custaram mais cuidado ao Autor do mundo, pois brilham com luz mais firme, mais intensa e mais constante. Os monarcas parecem-se com os mais homens na humanidade, mas diferem nas qualidades da alma: a coroa que os cinge não só lhes ilustra a cabeça, mas também o pensamento; o cetro, que indica a majestade, também inspira o esforço; e a grandeza no poder também influi extensão no espírito; por isso na arte de reinar não há regras que possam ser sabidas por quem não é rei.

Assim como é justo a vaidade de um rei justo, também é iníqua a vaidade de um tirano: o esplendor de um trono adquirido injustamente não cega a atenção de sorte, que fiquem os olhos sem poder examinar-lhe os raios; um lugar tão sagrado nem sempre o consideram os homens com imunidade. Os tiranos sempre foram objetos não só dos louvores, mas também da crítica; não só das admirações, mas também dos reparos; não só do amor, mas também do ódio: se há quem os admire, também há quem os reprove; a lisonja os iguala ao Sol, a censura sabe compará-los ao cometa; se o amor lhes prepara agrados, também encontram aversões no ódio. As submissões não são todas voluntárias; e o respeito ainda quando degenera em adoração, nem sempre tributa um incenso puro, e muitas vezes procede de uma violência interior e oculta; então por mais que as expressões se elevem, sempre a verdade se distingue da exageração; por mais que o joelho dobre, sempre o desprezo fica inflexível no conceito.

Nos príncipes é virtude uma vaidade bem entendida; e discorre santamente um rei quando se desvanece da qualidade de ser justo: há vícios necessários em certos homens, assim como há virtudes impróprias em outros. Os soberanos sendo a fonte da justiça são os que mais injustamente são julgados; os mais homens são ouvidos, os príncipes não; todos os julgam e ninguém os ouve; como se a preeminência da dignidade os fizesse incapazes ou indignos da defesa: o julgar por este modo aos reis é sacrilégio, porque a traição é maior aquela que se dirige à fama que a que conspira contra a vida; esta nos monarcas é-lhes menos importante que a memória. A existência deve ser-lhes menos precisa do que a fama: com a vida se acaba o respeito, a grandeza e o poder, mas não acaba a reputação; o túmulo não encobre nem a ignomínia do nome nem o esclarecido, porque nos príncipes nunca acaba a glória nem a infâmia; o breve espaço de uma urna basta para esconder as cinzas de muitos reis; porém por mais que as confunda a morte, a história as separa, e as divide. A tradição anima essas mesmas cinzas; umas para honra da natureza, outras para horror da posteridade.

A maior parte das ações dos homens consiste no modo delas; o modo com que se propõe, com que se diz, com que se fala, com que se ouve, com que se olha, com que se vê, com que se anda e, enfim, todos os mais modos, que são inseparáveis de qualquer ação, nos dão a conhecer o que devemos pensar delas: quase sempre o modo ou nos obriga ou nos ofende, e ordinariamente o modo das coisas nos ocupa mais do que as coisas mesmas. Umas vezes nos engana o modo, porém também outras o mesmo modo nos desengana: a imaginação verdadeira, falsa ou vaidosa é a que produz os diferentes modos que vemos uns nos outros. Os soberanos têm um certo modo de olhar, de ver, de ouvir, de andar, de perguntar e de responder que só neles é natural; a vaidade dos grandes lhes faz afetar o mesmo modo que veem nos soberanos; os mais homens tomam o mesmo modo que veem nos soberanos; os mais homens tomam o mesmo modo que veem nos grandes, e cada um se irrita de ver um modo impróprio, e sente como um desprezo o achar um modo que não convém a quem usa dele; o que diversifica os modos é a alegria, a tristeza, o amor, o ódio, o desejo ou a indiferença, e mais que tudo, a vaidade.

A maior parte da vida passamos em buscar a fortuna, e a que vemos nos outros é a que nos engana a nós: porém é feliz o engano, que nos anima sempre. Que maior desgraça que o viver indiferente e sem ação; e que maior ventura que a esperança com que a buscamos! O conceito que fazemos de qualquer bem sempre excede ao mesmo bem, e assim perdemos quando o alcançamos; de sorte que a fortuna parece estar tanto em possuí-la como em desejá-la. As fortunas ou consistem na abundância, ou no poder, ou no respeito: estas são as mesmas fontes donde nasce a vaidade, e com efeito, se há vaidade sem fortuna, não há fortuna sem vaidade.

Por nosso mal, lá chega a idade em que não queremos mais fortunas que o viver; conhecemos a ilusão delas, e se as buscamos, é como por costume, mas sem ânsia e sem desassossego; o desejo de as alcançar é como um resto de calor que apenas se faz sentir. Não refletimos sobre o pouco tempo que devemos gozar um bem, senão depois de tê-lo: só então consideramos o muito que custou a alcançar e o pouco que o havermos possuir. Em cada país há um modo com que as coisas se imaginam; o que é fortuna em uma parte é desgraça em outra, o que aqui se busca com empenho ali se despreza totalmente. Os objetos que entretêm a vaidade, estimação dos homens, são como ídolos que só se veneram em lugar determinado, e fora daquele tal espaço, a adoração se troca em vitupério: o mesmo mármore de que em Atenas se faria uma Minerva, transportado a outro lugar, apenas servirá de base a uma coluna, assim é a vaidade, por mais que seja universal nos homens, os motivos dela não são universais.

É raro o mal de que não venha a nascer algum bem, nem bem que não produza algum mal: como só o presente é nosso, por isso não nos serve de alívio o bem futuro nem nos inquieta o mal que ainda não sentimos; um infeliz não se persuade que a sua sorte possa ter mudança; um venturoso não crê que possa deixar de o ser: a este a vaidade tira o menor receio; àquele o abatimento priva de esperança. Se fizermos reflexão, havemos de admirar o pouco que basta para fazer o nosso bem ou o nosso mal: de um instante a outro mudamos da alegria para a tristeza, e muitas vezes sem outro algum motivo que o de uma vaidade mais, ou menos satisfeita.

Os homens não são todos igualmente sensíveis ao bem e ao mal; a uns penetra mais vivamente a dor, a outros só faz uma impressão ligeira: o bem não acha em todos o mesmo grau de contentamento. Nas almas deve haver a mesma diferença que há nos corpos; umas mais débeis e outras mais robustas; por isso em uma obra mais o sentimento, e acha mais resistência em outras; em umas domina a vaidade com império e com furor, em outras só assiste como coisa natural; naquelas a vaidade é uma paixão com ímpeto, nestas é um vício sossegado, em desordem.

O entendimento nos homens é como a formosura nas mulheres; não há desgraça de que um espelho as não console nem tristeza de que se não esqueçam vendo-se em estado de inspirar amor: a um homem infeliz serve de alívio o considerar-se sábio; este pensamento, ou esta vaidade, lhe faz adormecer o mal que sente; como se a mulher só viesse ao mundo para ser querida e o homem só nascesse para ser discreto: entre um e outro a diferença é grande: a mulher formosa, com o tempo, conhece que já o não é; o homem entendido nunca alcança que só o foi; a mulher não pode deixar de ver o estrago que os anos fazem na beleza, o homem não penetra a ruína que o tempo causa ao entendimento. Mas não importa que assim seja porque é justo que o homem se desvaneça sempre e que tenha fim na mulher a vaidade: ninguém adora ao homem por entendido, e à mulher todos a idolatram por formosa. Acabe, pois, a vaidade na mulher, porque foi tão excessiva, e no homem dure, porque foi mais moderada.

Olhamos para o tempo passado com saudade, para o presente com desprezo e para o futuro com esperança: do passado nunca se diz mal; do presente continuamente nos queixamos e sempre apetecemos que o futuro chegue. O passado parece-nos que não foi mais do que um instante; o presente apenas os sentimentos; e julgamos que o futuro está ainda mui distante. Para dizermos bem do tempo é necessário que ele tenha passado, e para que o desejemos é preciso considerá-lo longe. A vaidade faz-nos olhar para o tempo que passou com indiferença, porque já nele fica sem ação; faz-nos ver o presente com desprezo, porque nunca vive satisfeita; e faz-nos contemplar o futuro com esperança, porque sempre se funda no que há de vir; e assim só estimamos o que já não temos; fazemos pouco caso do que possuímos; e cuidados no que não sabemos se teremos.

Com os anos vamos mudando de umas vaidades para outras; não porque queiramos mudar de vaidade, mas porque algumas há que em certos anos são incompatíveis e só têm lugar em outros. A gentileza é a primeira vaidade que a natureza nos inspira; vaidade simples e inocente, ainda quando é mentirosa: a natureza quer que nos amemos, por isso faz que nos vejamos dotados de uma forma, ou figura encantadora. Fomos Narcisos logo no berço: a nossa imagem apenas acabada de formar, logo nos atrai; o vidro que a representa nos agrada, a lisonja, ainda quando ignoramos o artifício do cristal; e desta sorte vamos passando sucessivamente a vida entretidos em um labirinto de vaidades, até que chegamos à vaidade dos velhos; vaidade discursiva, prudencial, histórica e muitas vezes imbecil. O ser antigo não dá juízo a todos, antes o tira, porque o tempo insensivelmente vai destruindo o homem em todas as suas partes, e por mais que o não sintamos, o que primeiro cansa é o entendimento; porque este é como a força, que até um certo tempo cresce, até outro se conserva, e depois sempre vai diminuindo. Perdemos a inocência assim que entramos a ter uso de razão, e perdemos a razão assim que tornamos ao estado da inocência: uma e outra coisa são virtudes puras e excelentes, mas insociáveis. Primeiramente adquirimos a razão à custa da inocência, e depois alcançamos a inocência à custa da razão; não sei quando é que perdemos ou ganhamos. Indiscretamente fazemos vaidade de sermos entendidos: o entendimento parece que nos foi dado por castigo, pois com ele ficamos sem desculpa para nada. Que maior mal!

É rara a coisa em que não tenha parte a vaidade . A mesma ingratidão, de quem recebe um benefício é efeito da vaidade; porque sendo o benefício uma espécie de socorro, sempre indica superioridade em quem o faz e necessidade naquele que o recebe, por isso a lembrança de um benefício humilha e mortifica a nossa vaidade, e se alguma vez nos lembra, é porque a natureza se acusa de sentir-se ingrata. Muitos por vaidade confessam benefícios que nunca receberam; é confissão, que os não aflige, porque assenta em uma dívida suposta; outros também por vaidade reconhecem benefícios verdadeiros, e isto porque fazem vaidade de uma dívida, que já julgam satisfeita pela confissão.

Quando pretendemos um favor, parece-nos que sempre havemos conservar a memória dele, mas é erro, porque apenas o alcançamos quando logo se forma em nós um desejo imperceptível de esquecê-lo, a vaidade tem horror a tudo o que desperta a lembrança da nossa indigência: por isso não há ingratidão sem ódio; aborrecemos a quem remiu a nossa vexação, só porque a ficou conhecendo. Não se paga um benefício, senão com outro maior, e quem o não pode pagar assim, fica devendo sempre; por isso a vaidade antes nos resolve a ser ingratos, do que a conhecer uma obrigação de que nunca podemos estar livres.

A ingratidão não consiste só no esquecimento do favor, mas também em sua aversão oculta, que temos a quem nos obrigou, por isso quando o vemos e encontramos, sempre é com nosso pesar e desagrado. Insensivelmente se forma uma espécie de divórcio entre quem recebe um favor e quem o faz; este por vaidade afeta o não lembrar-se do benefício feito, aquele tem pejo de haver-se esquecido dele; um e outro se retiram. A ausência, ou a ruína daquele a quem fomos obrigados, nunca nos é desagradável; porque então parece que respira a vaidade como livre de um peso insuportável: naturalmente não podemos amar a quem devemos; a dívida leva consigo um desejo da extinção do seu objeto.

Não sucede assim nos benefícios que os soberanos fazem; quem os recebe sempre os reconhece; porque a mesma vaidade que nos faz ser ingratos para com os mais homens é a que nos faz ser agradecidos para com os príncipes; e com razão, porque nestes o favor sempre é puro e generoso, em lugar que nos demais homens sempre é inficionado de algum gênero de interesse: nos príncipes os benefícios nascem de liberdade, nos demais homens procedem de premeditação, e esta fundada comumente na satisfação do que já devem, ou esperam dever; de sorte que nos príncipes os benefícios é grandeza, nos demais homens é comércio. O maior favor é aquele que se faz sem condição: quando os soberanos favorecem é sem a expectativa de retribuição alguma, porque esta não pode ter lugar de nós para eles; dão e não esperam; por isso as mercês de um rei mostram a sua inclinação e não a sua intenção: as graças dos reis e as de Deus só se pagam com amor. Como os príncipes são os melhores avaliadores dos homens, por isso supomos que o favor que fazem sempre se dirige ao nosso merecimento. Estimamos viver na lembrança dos reis, ainda que seja por meio da desgraça: o mesmo decreto que põe a pena suaviza o efeito dela, porque há um instante em que a vaidade nos representa o soberano ocupado de nós: o castigo, que imediatamente vem do trono, parece que de algum modo nos ilustra.

Tudo são produções da vaidade, esta até nos faz achar consolação nas mesmas razões do nosso dano; até nos faz descobrir utilidade na nossa mesma perda e até nos sabe mostrar um semblante de fortuna na nossa mesma ruína. Uma circunstância leve e incerta, em que a vaidade se entretenha, basta muitas vezes para suspender a atividade do nosso mal e para desviar do nosso pensamento a maior parte dele. A virtude maltratada encontra alívio na mesma persecução, porque a vaidade lhe sugere em si a imagem de um martírio: a inocência oprimida sente menos a aflição, porque se desvanece em considerar-se vítima, de que é propriedade o ser inocente; e, com efeito, a constância no sofrimento é um justo motivo de vaidade, porque ainda na fama de um herói não há tanta grandeza como no silêncio de um homem aflito; por isso a paciência nunca faz rogos inúteis; um homem mudo da desgraça parece que força a providência ao consolar. O merecimento desprezado entra na vanglória de crer que todos reparam no descuido do prêmio. Um facinoroso arrasta com arrogância os ferros e vai com resolução para o suplício, a vaidade que lhe anima os passos consiste na mesma atrocidade do delito: a mesma pobreza costuma fazer ostentação da miséria. A vaidade é de todo o mundo, de todo o tempo, de todas as profissões, e de todos os estados.

Muitas vezes obramos bem por vaidade, e também por vaidade obramos mal: objeto da vaidade é que uma ação se faça atender e admirar, seja pelo motivo ou razão que for. Não só o que é digno de louvor é grande; porque também há coisas grandes pela sua execração; é o que basta para a vaidade as seguir e aprovar. A maior parte das empresas memoráveis não tiveram a virtude por origem, o vício sim; e nem por isso deixaram de atrair o espanto e admiração dos homens. A fama não só se compõe do que é justo e o raio não só se faz atendível pela luz, mas pelo estrago. À vaidade apetece o estrondoso, sem entrar na discussão da qualidade do estrondo: faz-nos obrar mal, se deste mal pode resultar um nome, um reparo, uma memória. Esta vida é um teatro, todos querem representar nele o melhor papel, ou ao menos um papel de circunstância, ou em bem ou em mal. A vaidade tem certas regras, uma delas é que a singularidade não só se adquire pelo bem, mas também pelo mal, não só pelo caminho da virtude, mas também pelo da culpa; não só pela verdade, mas também pelo engano: quantos homens tem havido a quem parece que de algum modo enobreceu a sua iniquidade.

A crueldade nem sempre vem de um ânimo bárbaro e feroz; muitas vezes é um monstro que nasce da vaidade. Considere-se o punhal cravado em um coração, que ainda palpita, e donde o sangue que sai e vai regando a terra, ali se congela em parte, aqui ainda corre sumando e cheio de espírito e calor: finalmente considere-se um cadáver agonizante, e convulsivo, e donde as feridas umas sobre as outras apenas mostram lugar livre de golpe; tudo forma um espetáculo horroroso: o tirano que é o mesmo executor da crueldade, por mais que no semblante inculque um aspecto duro, interiormente se estremece, e se não mostra que se aflige, é porque o anima contra o pavor que a natureza inspira. Ideou a vaidade ser a tirania um atributo do poder: que mais é necessário para que os homens queiram medir a grandeza do poder pelo excesso e proporção da tirania? Até nos desvanecemos da mesma barbaridade, chamamos à compaixão, fraqueza, e à inumanidade, valor.

Todos conhecemos os delírios a que a vaidade nos incita, mas nem por isso deixamos de os seguir. Parece que cada um de nós tem duas vontades sempre opostas entre si; ao mesmo tempo queremos e não queremos; ao mesmo tempo condenamos e aprovamos; ao mesmo tempo buscamos e fugimos; amamos e aborrecemos. Temos uma vontade pronta para conhecer e detestar o vício; mas também temos outra pronta para o abraçar; uma vontade nos inclina, a outra arrasta-nos: a vontade dominante é a que segue o partido da vaidade; por mais que queiramos ser humildes e que tenhamos vontade de desprezar o fausto, a vontade contrária sempre vence, e se acaso se conforma, a violência com que o faz é um sacrifício. A vaidade é uma espécie de concupiscência, não se lhe resiste com as forças do corpo, com as do espírito sim; a carne não é frágil só por um princípio, mas por muitos e a vaidade não é o menor deles.

O aplauso é o ídolo da vaidade, por isso as ações heroicas não se fazem em segredo e, por meio dela, procuramos que os homens formem de nós o mesmo conceito que nós temos de nós mesmos. Raras vezes fomos generosos só pela generosidade, e valorosos só pelo valor. A vaidade nos propõe que o mundo do todo se aplica em registrar os nossos; para este mundo é que obramos; por isso há muita diferença de um homem a ele mesmo: posto no retiro é um homem comum, e muitas vezes ainda com menos talento que o comum dos homens: porém posto em parte donde o vejam, todo é ação, movimento, esforço. Nunca mostramos o que somos, senão quando entendemos que ninguém nos vê, e isto porque não exercitamos as virtudes pela excelência delas, mas pela honra do exercício, nem deixamos de ser maus por aversão ao mal, mas pelo que se segue e o ser. O vício pratica-se ocultamente, porque cremos que a ignomínia só consiste em se saber; de sorte que se somos bons é por causa dos demais homens, e não por nossa causa: haja quem nos assegure que não há de saber-se um desacerto, e logo nos tem certo, e disposto para ele; a dificuldade não está em persuadir a nossa vontade, mas o nosso receio. Os agravos ocultos calam-se, não só porque em serem ocultos perdem muito da qualidade de agravos; mas também porque a queixa não publique o atrevimento da ofensa; a vaidade não teme as coisas pelo que são, mas pelo que se há de dizer delas: mil vinganças há que se suprimem só pelo perigo de que se não perceba o desacato, pela vingança. Quem dissera que sendo a vaidade, de si mesma uma coisa arrebatada, haja ocasiões em que nos pacifique e ensine a ser prudentes; há uma espécie de arte em se disfarçar a injúria de que não há prova; a mesma vingança leva consigo uma sorte de injúria, porque a confessa: a satisfação pública supõe pública a ofensa que muitas vezes não o é, ou ao menos não é tanto como a faz. A paciência é uma virtude com nota, mas raramente se arrepende quem a tem; em lugar que o arrojo costuma trazer depois um sentimento largo; em um instante nos precipita a vaidade naquilo que nos vem servir de tormento toda a vida, mas que muito se a mesma vaidade às vezes nos faz perder a vida em um instante. Quem disse que o amor é cego errou; mais certo é ser cega a vaidade. O emprego do amor é a formosura, e quem nunca a viu como a há-de amar? No amor há uma escolha, ou eleição, e quem não vê não distingue nem elege; o amor vem por natureza, a vaidade, por contágio; o amor busca uma felicidade física e, por consequência, material e visível: a vaidade busca um bem de ideia e fantasia e, por consequência, cego: a estimação dos homens é o objeto maior da vaidade; objeto vago e que não tem figura própria em que possa ver-se. Há, porém, na vaidade a diferença que tudo o que se faz por ela, queremos que se veja, que se diga e que se saiba; então é fortuna a publicidade, se é que nos parece, que o mundo inteiro não basta para testemunha: daqui vem que um furor heroico até chega a invocar o céu e a terra para estarem atentos a uma ação: como tudo se faz pelo estímulo da vaidade, por isso se julga perdida uma façanha que não tem quem a divulgue; como se um ato generoso consistisse mais em se saber do que se obrar. A vaidade que nos move não é pela substância da virtude, mas pela glória dela.

No desprezo da vida é onde a vaidade se mostra altiva e arrogante. Os clarins que incitam combate não são vozes que a natureza entenda, vaidade sim; aquela sempre vai com um passo vacilante e trêmulo; esta conduz o peito ardente e furioso: por mais que se encontrem precipícios, e que os olhos só vejam fogo e sangue, nem por isso desmaia o coração que a vaidade anima. Aquele a quem o escudo da fortuna cobre, e que marcha resoluto, já cuida que está vendo os faustos do triunfo: aquele que, prostrado, já fica agonizando, parece-lhe que expira ou nos braços da vitória, ou nos da fama. Que felicidade de morrer! A vaidade tira da morte o semblante pálido e horroroso, e só a deixa ornada de palmas e troféus.

O valor não é igual em toda a parte; porque a vaidade não é em toda a parte a mesma. Há empresas de mais e de menos vaidade, por isso as há de menos e mais valor. A vaidade aumenta e diminui à proporção do seu motivo; e da mesma sorte, o valor diminui e aumenta à proporção dela.

A razão do esforço, regula-se pela razão da vaidade; daqui vem que, em um conflito grande, os ânimos se elevam e se arrebatam; porque algumas vezes é questão do destino de um Império; em lugar que o ardor é lento, quando só se disputa um posto vantajoso. A presença de um monarca não influi pouco na fortuna militar; então quer o soldado distinguir-se com maior excesso, porque fica sendo memorável a ação a que assiste um rei: aquela é a ocasião em que cada um dos combatentes vaticina que o seu nome há de escrever-se nos anais da história; por isso corre a assinalar-se em um dia que há de servir de época aos séculos vindouros: nenhum entra na peleja indiferente; todos fazem a causa sua; uns combatem pela glória do sucesso, outros pela honra da assistência; e a todos parece que o soberano os vê. O estrépito das armas, antes que chegue ao coração, inflama a vaidade; esta, que comumente move, então acende.

Não é isto assim na solidão de um ermo. O mesmo homem, que fez a admiração da guerra, posto em um bosque é outro. O sussurro de uma fonte que se despenha, o sobressalta; o movimento de uma folha que cai o atemoriza; o ruído que o vento faz o altera; tudo lhe parece uma emboscada; na mesma sombra de um carvalho, se lhe figura um esquadrão armado: esta é a diferença que vai de um homem com vaidade ao mesmo homem quando está sem ela. Na campanha domina o espírito de vaidade, no bosque não; por isso o valor sobra na campanha, e no bosque falta; e, com efeito, naquela parte adquire-se a fama, e nesta só se salva a vida; naquela consegue-se o aplauso, nesta só se busca a liberdade do caminho; naquela há muitos que vejam, que digam e que escrevam, nesta não há mais do que troncos mudos; naquela fazem corte os soberanos, nesta só se avergam foragidos; naquela todos se mostram, nesta todos se escondem; aquela é um teatro de ações ilustres, esta é um reduto de ações abomináveis: finalmente ali nasce a nobreza, aqui extingue-se; ali perde-se a vida com honra, aqui conserva-se a mesma com ignomínia. Que notáveis diferenças! Em um lugar tantos motivos de vaidade, e nenhuns em outro: por isso o valor é próprio na campanha, e no ermo é natural a covardia. O valor falta-lhe à alma se lhe falta a vaidade, o braço logo fica sem vigor, e sem alento o peito: no perigo em que não há vaidade, a natureza só se lembra do horror da sua ruína.

A fugida traz consigo o vitupério, por isso muitos não fogem, porque os veem; e fugiriam se os não vissem; muitos se retiram enquanto os não conhecem, mas não depois de conhecidos; como se a desonra não estivesse na retirada, mas na notícia dela; ninguém se quer expor, se a vaidade o não expõe; e ainda que a vaidade não tira o medo, contudo esconde-o; e assim vimos a ser destemidos, não só porque a vaidade nos obriga, mas também porque nos engana: no meio do precipício, não nos deixa ver toda a extensão dele, e por mais que seja certo o nosso estrago, sempre a vaidade para animar-nos, o mostra como duvidoso; e sempre nos inspira que aos ousados a fortuna favorece. A vaidade não nos deixa, senão depois que nos entrega à morte, e só a morte que nos acaba é a que acaba também a nossa vaidade.

O facinoroso é tímido, porque o crime que envilece, acovarda. A vaidade, que também interiormente acusa, assim como aumenta as forças donde vê alguma ocasião de brio, também as debilita onde encontra uma aparência de desdouro: no crime o ânimo se abate, menos pelo medo do castigo, que pela qualidade dele; daqui vem que há mais resolução do delito que não irroga infâmia; e de tal sorte que o delinquente às vezes declara por vaidade a culpa; a mesma vaidade lhe serve de tormento, e o obriga a confessar. As leis conheceram bem este princípio, por isso imaginaram penas vis; puseram distinção no modo de as executar; sabiamente introduziram nobreza até no modo de morrer.

Há crimes cuja atrocidade exige uma pena ainda maior; isto é, uma pena permanente, sucessiva, indelével; que compreenda culpados e inocentes; que induza infecção fatal, não só no sangue dos que estão, mas também no sangue dos que hão de vir; e que faça detestável, não só o autor do crime e a sua descendência, mas ainda a mesma lembrança do seu nome. Quantos há que não temem o castigo, pelo que este tem de insuportável, mas pelo que tem de infame; e que o não receiam pelo que toca a si, senão pelo que há de tocar aos seus? A corrupção da natureza chega neles a desprezar a sua própria conservação, mas não a sua reputação; desatendem ao seu opróbrio pessoal, mas não àquele que há de ficar, e continuar nos que hão de vir depois: este resto de vaidade é unicamente o que os reprime. A malícia lhes ensina que o perder a vida não é grande pena; porque esta verdadeiramente não assenta em se perder a vida, mas em a perder antecipadamente; e, com efeito, não é grande o mal que sempre é infalível por outra parte, e que por ora só consiste na circunstância do tempo; isto é, em ser com antecedência, e ser já, aquilo que certamente há-de vir a ser daqui a pouco: por isso o preso que se mata é como um preso que foge; um e outro iludiram o castigo, porque este devia consistir na duração e não na extinção. Daquela forma ficou impune o crime? Não, porque suposto se ausentasse o delinquente, cá deixou o nome e a memória; e nesta ainda tem lugar a pena; contra ela se fulmina a condenação de um labéu perpétuo: o que acabou com a fugida, ou com a morte, foi a pena temporal, e por consequência pena curta, porque acabava com a vida; mas fica subsistindo a pena da ignomínia, pena quase sem-fim, porque a tradição e a história a fazem renascer a cada instante. A vaidade faz-nos adorar o respeito e a estimação dos homens; por isso o desprezo aflige, ainda só considerado em um cadáver, em uma posteridade, em um nome; a pena vil imposta em uma estátua faz pavor, não pelo que é, mas pelo que representa; o criminoso, que de longe a considera, se estremece; por via do pensamento se lhe comunica de alguma sorte a dor, e assim, nem por fugir ao castigo fica livre dele. A vaidade entende que tudo quanto é nosso é suscetível de aflição e de prazer, de respeito e de vitupério; e assim nos persuade que para as razões da mágoa e do contentamento, a nossa semelhança tem ser; a nossa sombra, vida; e a nossa estátua, sentimento.

A falta de religião e de bons costumes faz cair o homem no estado total de perversidade, a falta de religião consiste em se não temer a Deus, a falta de costumes resulta de se não temer os homens; e verdadeiramente quem não temer a lei de Deus nem as leis dos homens, que princípio lhe fica por onde haja de praticar o bem? A nossa natureza propende para o mal, e por isso foi preciso prescrever-lhe um certo modo de viver; vivemos por regras. No exercício do mal achamos uma espécie de doçura e de naturalidade, as virtudes praticam-se por ensino, o vício sabe-se, a virtude aprende-se. Miserável condição do homem! O que devia saber ignora, e o que devia ignorar sabe: para o que nos é útil, necessitamos de estudo, e para o que nós é pernicioso, não; para o bem necessitamos de lembrança, e para o mal de esquecimento. É necessário que nos esqueçamos do mal que já sabemos, e que nos lembremos do bem que devemos saber; uma coisa custa-nos a lembrar, a outra custa-nos a esquecer. O vício fazemos sem arte, sem tempo, sem mestre e sem trabalho; a virtude não vem comumente, senão como fruto da experiência, da meditação, dos preceitos e dos anos: para o vício não necessitamos de conhecer, nem saber nada; para a virtude é-nos preciso conhecer, e saber tudo. Dificultosa empresa; exercitamos o vício, ficando da mesma sorte que fomos; em lugar que as virtudes, não as praticamos, sem que nos mudemos; toda a vida levamos nesta emenda: feliz o que a consegue! Um homem às avessas seria um homem perfeito. – Para obrarmos bem, não temos mais do que consultar a natureza, e a fazer o contrário; se este documento fosse universal, e não tivesse alguma, ou muitas limitações estava achado o meio de abreviar uma das ciências que nos é mais importante; então cada um de nós tinha em si o caso e a lei; só com a diferença de que, por obrigação da mesma lei, se havia de seguir a disposição que lhe fosse mais contrária; a sua observância devia consistir na inobservância; e a obediência na desobediência: e, com efeito, há muitas coisas, que as não vê quem está no mesmo lugar, mas sim quem está em lugar oposto; outras conhecem-se melhor por aquilo que lhe é desconforme; e outras, para serem vistas como são, não se hão de ver diretamente. Há muitas partes donde se não pode chegar, se logo no princípio se não toma uma derrota falsa; e ainda nas verdades há algumas que se não podem alcançar, senão pelo caminho do erro; para acertar também é necessário ver primeiro o desacerto; a qualidade da luz distingue-se melhor pelos efeitos da sombra: quem olha para os montes do Ocidente vê primeiro nascer o sol, do que quem inclina a vista para o Oriente. E assim vimos ao mundo para fugirmos de nós, isto é, das nossas paixões, e entre elas das nossas vaidades, destas porém não devemos fugir sempre, porque a vaidade às vezes é um vício que serve de moderar, ou impedir os outros; e, com efeito, quem não tem vaidade alguma despreza a reputação, e por consequência a honra; esta constitui uma religião humana que se não pode desprezar sem crime; por isso o homem de iniquidade é a quem desamparou não só a virtude da razão, mas também o vício da vaidade. Daqui vem que é útil o ter alguma tintura de vaidade, a substância, não; não há de ser o corpo, mas a superfície.

Nos contratos tem pouca parte a boa-fé; as obrigações não bastam e as cláusulas, por mais que sejam fortes, todas se controvertem e pervertem: as condições, por mais que sejam claras, esquecem-se; nunca faltam pretexto para duvidar, nem meios para se fazer questão daquilo em que a não pode haver. Da falta da boa-fé nasce a dúvida, da dúvida nasce o argumento, do argumento a desunião, e desta a dissolução do contrato, ou a ação para desfazê-lo. No princípio das nossas convenções ninguém adverte por onde possa nelas entrar a controvérsia; depois de celebradas, em cada ponto se acham mil motivos de disputa; uma vírgula de menos, ou de mais, é bastante fundamento para uma larga discussão. Quando se não pode negar o ajuste nega-se-lhe o sentido; e este quando se não pode mudar, interpreta-se e vem a ser o mesmo: o que não tem interesse em cumprir o ajuste é o que descobre nele as implicâncias, e defeitos, que os outros lhe não veem: não há coisa mais sutil do que a malícia; a sinceridade é simples, grosseira e inocente: o engano todo se compõe de arte; e por isso a perspicácia nos homens é qualidade suspeitosa, e que tem menos valor, que o que comumente se lhe dá; porque se não é sinal um ânimo dobrado e infiel, ao menos é prova de que o pode ser. Quem sabe como o mal se faz está muito perto de fazê-lo; e quem sabe como o engano se pratica, também não está longe de enganar. A ciência do engano é já um princípio dele; que lhe falta a ocasião e a vontade? A ocasião pode oferecer-se, e a vontade poucas vezes resiste à ocasião. Por isso nos contratos é mais perigosa a fé nos que sabem mais; o arrependimento é certo, quando em um ajuste, ou não há conveniência, ou esta já passou: queremos afastar-nos do contrato; o ponto é saber o como; e assim para infidelidade só nos falta o modo, a resolução, não. O nosso cuidado todo está em descobrir o expediente, e isto em ordem a mostrar que se mudamos é por vício do contrato, e não por nosso vício. A repugnância voluntária, queremos fazer passar por necessária: o violar a boa-fé nunca nos serve de embaraço, contanto que a violação se atribua a outrem; e o ser a culpa nossa não importa, contanto que pareça alheia; aquilo em que ontem não havia nada de impossível, porque era questão de receber, hoje é todo impraticável, porque é questão de dar; ontem parece que os montes se reduziam a planícies, hoje as planícies se reduzem a montes. Qualquer coisa é um obstáculo intratável: assim devia ser, porque o prometer é fácil, o cumprir, dificultoso; para prometer basta a intenção. Quem promete exercita um ato de liberdade, por isso pode haver gosto na promessa; quem cumpre, já é por força da obrigação, por isso em cumprir há uma espécie de violência: a ninguém se obriga a que prometa, a que cumpra sim; no prometer fazemos nós, no cumprir fazem-nos fazer; em uma coisa nós somos o que obramos, na outra não; para aquela vamos, para esta levam-nos; no tempo de prometer o que vemos, são sagrados, no tempo de cumprir o que achamos, são durezas; uma coisa nos inclina, a outra ofende-nos; quando prometemos ficamos bem conosco, porque nunca faltam agradecimentos e lisonjas, e por consequência vaidades; quando havemos de cumprir, ficamos mal conosco, porque comumente nos arrependemos. Que coisa é o arrependimento, senão uma ira contra si próprio? Estes são os motivos de que nasce a deslealdade nos contratos; e que poucos se haviam de observar, se a vaidade que em tudo governa, não nos obrigasse a guardar a fé nas nossas convenções! Estas, quando se cumprem, não é por vontade, mas por vaidade; como o nosso empenho é conservar a estimação e opinião dos homens, por isso tememos que alguém diga que mudamos, que faltamos ao ajuste e à palavra, ou que enganamos: todas estas expressões infamam, porque contêm um caráter de reprovação universal, trazem o desprezo em consequência, e se justificam, fazem perder o nome e o respeito, à maneira de uma proscrição, ou anátema civil; por isso a vaidade se estremece e nos obriga a ser leais, por força da nossa mesma vaidade. É justiça rigorosa: de sorte que ela, sendo uma parte de nós mesmos, contra nós mesmos se revolta e se dirige: e assim são poucas as coisas que fazemos só pela obrigação, que temos de fazê-las; é necessário que outro maior motivo nos incite; o que não fazemos pela vaidade, e desta sorte tudo quanto obramos, é por um princípio vicioso; o bem muitas vezes desce de uma origem má; a razão no homem é como um licor precioso em um vaso impuro; o licor sempre se contamina com a infecção do vaso; este em nós é a vaidade.

São raras as ações que sejam ilustres por si mesmas; apenas haverá algumas que não deixam conhecer que vêm do homem. As mais das coisas admiram-se, porque se não conhecem; juntamente porque nelas há um rico véu que as cobre: vemos um exterior brilhante que muitas vezes serve de esconder um abismo horrendo. A mesma luz arma-se de raios, para que não possa examinar-se de onde lhe vêm os resplendores: a formosura em tudo nos atrai; a nossa admiração não pode passar além; donde a encontra, aí fica suspensa e cega. Isto sucede nas ações dos homens; as mais sublimes, parece que nos cegam e suspendem; e talvez seriam detestáveis se lhes não ignorássemos as causas. Tudo o que tem ar de grande prende a nossa imaginação, de sorte que não fica livre para discorrer na coisa, senão no estado de grandeza em que a vê, e não para indagar donde veio, nem como veio. As águas que saltam de um rochedo, e que correm velozmente para o mar, antes que lá cheguem, vão passando por lugares diferentes; em uns alargam-se, em outros cabem mal; em uns acham fundo e caminham docemente, em outros só vão lavando a branca areia; em uns murmuram, em outros precipitam-se; em uns não encontram embaraço, correm facilmente e com sossego, em outros detêm-se, porque passam por penedos desiguais; em uns parece que fogem, em outros também parece que descansam; em uns vão sem rodeio, em outros retrocedem, e se quebram em mil giros; aqui vão regando a flor do campo, ali vão banhando o junco humilde; aqui correm transparentes, e ali vão turvas e limosas. Estas são todas as mudanças por onde passam as águas de uma fonte, desde que deixam o rochedo donde nascem, até que entram no mar e donde morrem: confundidas hoje as suas águas, já não são águas de uma fonte; já não são aquelas que vieram de um rochedo sombrio e cavernoso. Mudado o nome, e o teatro, agora estão formando a imensidade do Oceano: já não servem de animar o prado nem de triste companhia a um amante solitário; já não servem de espelho às verdes ramas, nem o seu sussurro serve já de líquido instrumento ao canto singular das aves; finalmente já não são cristais as suas águas, são ondas. Desta mesma sorte são os homens: assim saem, assim buscam, e assim chegam ao estado da grandeza; a vaidade que os leva e acompanha, logo lhes tira da memória o lugar de que vieram, e os que andaram, e só lhes mostra aquele adonde estão: há muitas coisas que não queremos, ou não podemos ver, nem na sua origem, nem no seu progresso; a excelência do fim nos ocupa inteiramente, e impede que vejamos a fatalidade ou indignidade dos seus meios; até o nosso pensamento parece que se deixa penetrar de atenção e de respeito, a fortuna não escolhe os homens, favorece ao primeiro que encontra, porque todos para a fortuna são iguais, e valem o mesmo; por isso o império do destino é absoluto, sem regras, nem preceitos; a vaidade nos ensina que todos os meios e caminhos são bons, quando se alcança; a glória do sucesso regula-se pela qualidade da vitória, e não pela qualidade do vencedor; importa menos saber quem é o que venceu, ou como venceu, do que saber somente quem venceu: os homens *só* na razão de homens têm igual direito uns para subirem, e outros para descerem; o merecimento só se pesa naqueles que caem, e não nos que sobem. Os caminhos examinam-se aqueles por onde se não chegou, e os meios são desaprovados quando por eles se não conseguiu; a fortuna costuma haver os merecimentos por justificados; a desgraça não é assim, porque os deixa duvidosos, e sujeitos ao exame: as ações, que conduziram a algum fim grande, ainda que injusto, são menos aborrecidas; e isto à imitação da luz, que introduz a claridade na mesma escuridão das trevas. Na parte em que domina algum usurpador, para ele é que se olha, e não para a usurpação; vê-se a altura do trono e não se veem os degraus por onde se subiu a ele; os meios por mais que sejam horrorosos, não se consideram, porque são como degraus que se pisam; o ponto é que o fim seja feliz. Se a vaidade fosse uma virtude, só nos havia de inspirar meios virtuosos; mas como é vício, tudo nos ensina: por isso o ser cruel, traidor, tirano, não faz horror a quem necessita da traição, da tirania e da crueldade. O estado da grandeza poucas vezes se adquire justamente, a fortuna parece que se irrita de que a não busquem por todos e quaisquer modos: não há coisa que nos faça buscar a fortuna tanto como a vaidade.

A ambição dos homens por uma parte, e pela outra a vaidade, têm feito da terra um espetáculo de sangue: a mesma terra, que foi feita para todos, quiseram alguns fazê-la unicamente sua: digam os Alexandres, os Césares, outros mais conquistadores; heróis não por princípio de virtude, ou de justiça, mas por um excesso de fortuna, de ambição e de vaidade. Esses mesmos, que tomados por si sós cabiam em um breve espaço, medidos pelas suas vaidades, apenas cabiam em todo o mundo: que mais podia excogitar a vaidade, do que fazer que alguns se lamentassem de ser o mundo estreito e limitado! Já lhes parecia que o tinham todo debaixo do seu poder; que tudo estava já sujeito, e que ainda assim era um curto império todo o circuito da terra e toda a vastidão do mar. Aquela vaidosa infelicidade de que se lamentavam consistia em não haver mais mundos que pudessem invadir, devastar, vencer; era desgraça neles o não poderem fazer mais desgraçados. Uma conquista injusta sempre começa pela opressão dos homens conquistados e pelo destroço de uma terra alheia, por isso façanhas que só têm por princípio a vaidade do valor, reputam-se grandes à proporção da impiedade com que o mesmo valor as executa; fazem-se famosas pela mesma impiedade: daqui vem que, nos anais da História, a parte que se admira mais, e que mais se imprime na lembrança, é aquela em que a narração se compõe de sucessos mais cruéis; e em que os campos, que foram de batalha, cobertos ainda hoje de esqueletos informes e partidos, conservam certo horror; esses campos fatais em que se observam espectros, debaixo da visão de umas luzes voláteis, e em que se ouvem ainda hoje, entre o rouco som de caixas e trombetas, vozes mal articuladas, alaridos confusos e lamentos tristes; esses campos, que depois de muitos séculos, ainda trazem à memória representações funestas, e em que as plantas parecem nascer com medo, e que o humo que recebem da terra é sensitivo; esses campos finalmente foram os mesmos em que a vaidade vencedora arrancou os louros para coroar as suas empresas. Que monstro inspiraria a regra de medir-se a glória dos combates menos pela consequência deles que pelos estragos; menos pela utilidade, que pela ruína; menos pela fortuna de uns, que desgraça de outros? Quanto maiores são os ais, os gemidos, e os clamores, tanto maior é a ação e a vaidade de quem os move. Que imaginação bárbara e feroz seria a que ideou no vencimento como ser superior aquele de que resulta uma desolação universal? O ser causa de que o inundo tome outra figura, outra ordem, outro movimento; o ver perturbadas as gentes, cheias de aflição e espanto; achar todos os caminhos umedecidos com lágrimas, rubricados com sangue e impedidos com os despedaçados corpos de mil agonizantes; o ouvir no ar em ecos intercadentes uma multidão de soluços e suspiros; o abater impérios e fazer deles desertos solitários; tudo forma um objeto agradável, pomposo e ilustre, em que a vaidade se inflama, se estende e se ensoberbece. A vaidade de um entusiasmo heroico consiste em querer reunir, em um só braço, toda a força que a Providência repartiu por motivos, em querer reduzir a um só homem toda a natureza humana.

Nascem os homens iguais; um mesmo e igual princípio os anima, os conserva, e também os debilita e acaba. Somos organizados pela mesma forma, e por isso estamos sujeitos às mesmas paixões e às mesmas vaidades. Para todos nasce o Sol; a aurora a todos desperta para o trabalho; o silêncio da noite, anuncia a todos o descanso. O tempo que insensivelmente corre, e se distribui em anos, meses e horas, para todos se compõe do mesmo número de instantes. Essa transparente região a todos abraça; todos acham nos elementos um patrimônio comum, livre e indefectível; todos respiram o ar; a todos sustenta a terra; as qualidades da água e do fogo, a todos se comunicam. O mundo não foi feito mais em benefício de uns que de outros, para todos é o mesmo; e para o uso dele todos têm igual direito; ou seja pela ordem da natureza, ou seja pela ordem da sua mesma instituição; todos achamos no mundo as mesmas partes essenciais. Que coisa é a vida para todos mais do que um enleio de vaidades, e um giro sucessivo entre o gosto, a dor, a alegria, a tristeza, a aversão e o amor? Ainda ninguém nasceu com a propriedade de insensível, a vida não pode subsistir sem estar subordinada às impressões do gosto e do sentimento. Todos nascemos para chorar e para rir; a circunstância de chorar mais, ou menos, resulta de cada um de nós. A violência e a vaidade das nossas paixões nos fazem apetecer, e quem apetece já se expõe aos delírios do riso e às amarguras das lágrimas; esse mesmo apetecer ainda só por si é uma espécie de sentimento e de prazer; a imaginação nos antecipa tudo, por isso o nosso contentamento, ou a nossa pena, chegam primeiro do que o seu objeto, e este quando vem, já nós estamos, ou abatidos de tristeza, ou cheios de alegria: somos tão sensíveis que os sucessos, para nos moverem, não é necessário que estejam em nós, basta que os vejamos de longe; a nossa sensibilidade tem maior força na nossa mesma apreensão; daqui vem que no mal, que se espera, ou se receia, não pode haver alívio, porque o pensamento lhe dá uma extensão maior; em lugar que o mal que já se sente, pode consolar-se, porque então se vê que tem limite. As coisas parecem que se espiritualizam para se entregarem a nós assim que as imaginamos; ou ao menos para que a eficácia delas se incorpore em nós muito antes que elas cheguem; e deste modo as coisas antes que as tenhamos, já são nossas; e quando a causa se apresenta, já temos sentido os seus efeitos; por isso desconhecemos tudo o que vimos a alcançar, e nos parece que há falta naquilo que vimos a conseguir: as coisas, quando chegam, já nos acham saciados; porque o desejo é uma espécie de gozar mais ativa e mais durável, mais forte e mais contínua; daqui procede o ser tão deleitável a esperança, porque é uma espécie de possessão daquilo que se espera. Quem imagina o que deseja, tudo pinta com cores lisonjeiras e mais vivas; por isso a verdade é grosseira e mal polida; tudo o que descobre é sem adorno; antes faz desvanecer aquela aparência feliz com que os objetos primeiro se deixam ver na ideia, do que se mostram na realidade. Todas estas propensões e inclinações se encontram em cada um de nós; e assim devia ser, porque as variações do tempo, da idade, da fortuna e dos sucessos, a todos compreende e a todos iguala; só a vaidade a todos distingue, e em todos põe um sinal de diferença e um caráter de desigualdade, e por mais que a terra fosse feita para todos, nem por isso a vaidade crê que um homem seja o mesmo que outro homem. É sutil a vaidade em discorrer; por isso nos inspira, que há desigualdade no que é igual; que há diferença no que é o mesmo; e que há diversidade donde a não pode haver: mas que importa que a vaidade assim discorra, se sempre é certo que os homens todos são uns e que os não há de diferente fábrica; e que tudo quanto a vaidade ajunta ao homem é emprestado, fingido, suposto e exterior. Tirada a insígnia, o que fica é um homem simples; despida a toga consular também fica o mesmo. Se tirarmos do capitão a lança, o casco de ferro e o peito de aço, não havemos de achar mais do que um homem inútil e sem defesa, e por isso tímido e covarde. Os homens mudam todas as vezes que se vestem; como se o hábito infundisse uma nova natureza: verdadeiramente não é o homem o que muda, muda-se o efeito que faz em nós a indicação do hábito. Debaixo de um apresto militar concebemos um guerreiro valoroso, debaixo de uma vestidura negra e talar, o que se nos figura, é um jurisconsulto rígido e inflexível; debaixo de um semblante descarnado e macilento, o que descobrimos é um austero anacoreta. O homem não vem ao mundo mostrar o que é, mas o que parece; não vem feito, vem fazer-se; finalmente não vem ser homem, vem ser um homem graduado, ilustrado, inspirado; de sorte que os atributos com que a vaidade veste ao homem, são substituídos no lugar do mesmo homem; e este fica sendo como um acidente superficial e estranho: a máscara, que encobre, fica identificada e consubstancial à coisa encoberta; o véu que esconde fica unido intimamente à coisa escondida; e assim não olhamos para o homem; olhamos para aquilo que o cobre e que o cinge; a guarnição é a que faz o homem, e a este homem de fora é a quem se dirigem os respeitos e as atenções; ao de dentro não; este despreza-se como uma coisa comum, vulgar e uniforme em todos. A vaidade e a fortuna são as que governam a farsa desta vida; cada um se põe no teatro com a pompa, com que fortuna e a vaidade o põem; ninguém escolhe o papel; cada um recebe o que lhe dão. Aquele que sai sem fausto nem cortejo, e que logo no rosto indica que é sujeito à dor, à aflição e à miséria, esse é o que representa o papel de homem. A morte que está de sentinela, em uma mão tem o relógio do tempo, na outra a foice fatal, e com esta de um golpe certo e inevitável, dá fim à tragédia, corre a cortina e desaparece: a fortuna e a vaidade, que veem desbaratada à cena, caídas por terra as aparências, prostrados os atores, emudecido o coro, trocados os clarins em flautas tristes, os hinos em trenos, os cânticos em elegias, e em epitáfios os emblemas; as rosas encarnadas convertidas em lírios roxos, os girassóis em desmaiadas açucenas, entrelaçados os louros no cipreste, os cajados confundidos com os cetros, e com o burel a púrpura; a vaidade pois, e a fortuna, que em menos de um instante viram desvanecidos os triunfos da vida pelos triunfos da morte, precipitadamente fogem e deixam um lugar cheio de horror e sombras, e donde só reina o luto, a verdade e o desengano. Assim acaba o homem, assim acabam as suas glórias, e só assim acaba a sua vaidade.

A franqueza dos nossos sentidos nos impede o gozar das coisas na sua simplicidade natural. Os elementos não são em si como nós os vemos: o ar, a água e a terra cada instante mudam, o fogo toma a qualidade da matéria que o produz, e tudo enfim se altera e se empiora para ser proporcionado a nós. A virtude muitas vezes se acha com mistura de algum vício; no vício também se podem encontrar alguns raios de virtude; incapazes de um ser constante e sólido, apenas se pode dar em nós virtude sem mancha, ou perfeito vício: a justiça também se compõe de iniquidade semelhante à harmonia, que não pode subsistir sem dissonância, antes com correspondência certa, a dissonância é uma parte da harmonia. Vemos as coisas pelo modo com que as podemos ver, isto é, confusamente, e por isso quase sempre as vemos como elas não são. As paixões formam dentro de nós um intrincado labirinto, e neste se perde o verdadeiro ser das coisas, porque cada uma delas se apropria à natureza das paixões por onde passa. Tomamos por substância a entidade, o que não é mais do que um costume de ver, de ouvir e de entender; a vaidade, que de todas as paixões é a mais forte, a todas arrasta e dá ao nosso conceito a fornia que lhe parece: o entendimento é como uma estampa, que se deixa figurar e que facilmente recebe a figura que se imprime. A vaidade propõe e decide logo, de sorte que quando as coisas chegam ao entendimento já este está vencido; o que faz é aprovar a preocupação anterior que a vaidade lhe introduz, e assim quando a vaidade busca o entendimento é só por formalidade, só para defendê-la e autorizar, não para aconselhar. O discorrer com liberdade supõe uma exclusão de todas as paixões; que os homens se possam isentar de algumas, pode ser, mas que de todas fiquem isentos ao mesmo tempo, é mui difícil. Tudo quanto vemos é como por uma interposta nuvem; o que imaginamos também é como por entre o embaraço de mil princípios diferentes, incertos e duvidosos, e quando nos parece que a nossa vista rompeu a nuvem, e que o nosso discurso desfez o embaraço, então é que estamos cegos, e então é que erramos mais. A vaidade nos tem em um contínuo movimento, e como é paixão dominante em nós, a todas as mais sujeita, e prevalece a todas semelhante ao impulso das ondas, a que não resiste o frágil de uma nau, quando o mar embravecido a faz correr com a atormenta; o navegante parece que busca o perigo, porque não se opõe à corrente das águas, antes as segue, e só assim escapa ao naufrágio. Quantas vezes o buscar o precipício é o único meio de evitá-lo! A vaidade é a tormenta, ou o mar tempestuoso que nos move; o deixar de segui-la nem sempre pode ser, nem é acertado sempre; porque a vaidade é um mal comum, e entre os homens é culpa ou não participar de um contágio universal; é crime o conservar-se puro no meio da impureza: essas mesmas águas nos ensinam; todas se movem, o furor com que se quebram as conserva; o seu repouso seria o mesmo que a sua corrupção.

Em nada podemos estar firmes, pois vivemos no meio de mil revoluções diversas: as idades e a fortuna continuamente combatem a nossa constância; tudo consiste em representação que começa não para existir, mas para acabar; menos para ser que para ter sido. Vimos ao mundo a mostrar-nos e a fazer parte da diversidade dele; as coisas parece que nos vão fugindo, até que nós vimos a desaparecer também. Somos formados de inclinações opostas entre si, o temos em nós uma propensão oculta, que sobre aparência de buscar os objetos, só procura neles a mudança. A inconstância nos serve de alívio e desoprime, porque a firmeza é como um peso que não podemos suportar sempre, por mais que seja leve: e, com efeito, como podem as nossas ideias serem fixas e sempre as mesmas, se nós sempre vamos sendo outros? Tudo nos é dado por um certo tempo; em breves dias e em breves horas se desvanece a razão da novidade que nos fazia apetecer; fica invisível aquele agrado, que nos tinha induzido para desejar. Quantas vezes esperamos as sombras da noite com mais fervor do que as luzes do dia; não por vício do desejo, mas porque não temos forças para suportar o bem, nem para conservar o mal? Tudo nos cansa: não só nos é preciso constância para sofrer; também necessitamos paciência para gozar; a mesma delícia nos importuna. Perdemos as coisas primeiro pela nossa indiferença que pelo fim delas; primeiro porque se acaba em nós o gosto do que nelas a duração; unicamente sensíveis quando começamos a ter, ou a alcançar; então gozamos, depois só possuímos. Os objetos depois de vistos muitas vezes ficam como diferentes da primeira vez que os vimos; perdem todo o nosso reparo e atenção: os olhos facilmente se esquecem do que sempre veem, não porque o costume nos tire a admiração, mas porque a fraqueza dos nossos sentidos a não pode conservar. Oh, quão diversos são em si os princípios de que se compõe o homem; primeiramente terra, e ultimamente racional! Começa a melhorar-se desde a sua primeira origem, até que vem a tornar àquilo de que procedeu. Infeliz metamorfose! Tudo o que nasce é para não ser firme nem constante: a terra apenas alenta as suas produções quando logo as deixa e desanima; o mesmo firmamento, com giro rápido, esconde pela tarde os astros que amanheceram com a aurora. Só a vaidade é constante em nós; em tudo o mais a firmeza nos molesta: com o tempo e a razão vimos a perder uma grande parte da sensibilidade no exercício das paixões; porém o exercício da vaidade não se perde com a razão nem com o tempo. O nosso gosto debilita-se, altera-se, muda-se, e também se acaba; a vaidade sempre persiste e dura; isto deve ser, porque os nossos sentidos usam-se; a vaidade não: naqueles o costume os enfraquece, nesta o costume aumenta a aviva. A jurisdição dos sentidos é muito limitada, porque os olhos só veem, os ouvidos só ouvem e o tato só sente; e para haver ainda menos firmeza nos sentidos, estes quase sempre estão enfermos; e não pode haver constância donde pode haver enfermidade; de sorte que a inconstância não é mais do que enfermidade dos sentidos. As nossas ações dependem mais da constituição do nosso corpo que da estabilidade da nossa vontade; o estado do nosso ânimo depende da nossa disposição, por isso a inconstância é natural, porque logo que nascemos entramos em um estado contínuo de mudar. O tempo não conta a nossa idade pelos anos, mas sim pelos instantes, e cada instante a mais também é a mais em nós uma mudança. Caminhamos com pressa e com gosto para o fim: semelhantes aos rios, que apressadamente correm para o mar, donde perdem a doçura e a acabam. Não há imagem mais própria da vaidade humana do que esses mesmos rios; todos têm o nascimento em um profundo lago; nem todos trazem do monte Olimpo a origem; nem todos correm por entre flores, por entre plátanos e cedros; nem todos trazem ouro nas areias, porque nem todos vêm de onde vem o Tejo; uns assim que nascem, logo formam um dilúvio de água, inundam a campanha, e com violência e peso tudo abatem, forçam, levam; o leito que os sustenta em parte se abre, se rompe e se desfaz. Outros rios menores no princípio, depois se fazem caudalosos, no caminho engrossam com emprestadas águas que recebem: uns correm por cima de esmeralda, outros não têm no fundo mais do que humildes conchas, pardos seixos, verdes limos; uns nascem entre cristais claros, outro entre rocha escura; uns passam escumando, e com estrondo, outros só murmuram; uns acham campo largo em que as águas se dilatam, e em que o sol vê, outros correm presos e oprimidos por entre serras agrestes e sombrias; uns têm alto o nascimento, porque este é no cume de altos montes, por isso, ainda quando descem, passam com estrépito e furor; outros têm o mesmo nascimento baixo, porque este é na parte mais remota de um vale inferior, por isso correm mansamente e sem ruído, só se deixam ver e não se ouvem; finalmente uns são frios com excesso, outros têm calor; uns servem de remédio, outros de mal; de uns sabe-se o princípio, de outros não; uns têm nome famoso nos anais da história, outros apenas se conhecem. Todas estas diferenças encontram-se nos rios; uns pequenos, outros grandes; uns elevados, outros abatidos. Parece que também nas águas há fortuna e vaidade. Mas que importa a diferença dos lugares se não faz que as águas sejam diferentes: que umas nasçam nos montes, e outras nos vales; que umas venham das nuvens, e outras da terra; que umas corram claras, e outras turvas; nada disso faz nas águas diversidade alguma; todas são as mesmas na razão de águas; o que sucede é passarem por lugares diferentes; a natureza, o princípio e o fim é o mesmo; todas vêm do mar e tornam para o mar; o serem as águas muitas, de sorte que cheguem a formar um rio, ou serem poucas, de sorte que só formem uma fonte, não introduz nelas diferenças. Quem há de dizer que muitos homens juntos na razão de homens, sejam diferentes daqueles que estão sós? O mar é o centro de donde as águas saem, e para donde tornam; os meatos da terra em umas partes são estreitos, e em outras largos; daqui vem que quando as águas chegam à superfície do globo, sucede caírem com mais ou menos abundância, e assim não diferem os rios das fontes, senão no diâmetro do canal e em este se terminar em algum monte, ou em algum vale; e, nesta forma, de que se desvanecem esses rios? Será de passarem por caminhos mais ou menos largos? De se juntarem uns com outros e fazerem mais volume? De encontrarem diamantes? Ou de acharem um campo mais ou menos dilatado? Nada disso é seu. Que ilustre pode resultar do encontro de uma coisa alheia, distinta, separada e estranha? As águas passam como são, e por passarem por rubis, não se convertem neles; nem se dignificam pela qualidade do caminho: o correrem mais juntas não lhes muda a natureza; a substância de uma pinga de água é a mesma que a de um rio inteiro; o tamanho é circunstância exterior e independente. Na criação do mundo não houve nas águas diferença, só houve divisão; a diversidade só foi no nome e no lugar, mas não na matéria original: o Espírito vivificante e eterno em todas infundiu um movimento próprio, circular, fecundo e sujeito às leis do peso e do equilíbrio. Há, pois, nas águas o mesmo nascimento em todas, a mesma propriedade, e o mesmo fim. Assim são os homens: no seu gênero têm com as águas um paralelo ou figura igual. Nem todos nascem na abundância; nem a todos a fortuna lisonjeia; uns parece que nascem para o descanso, outros para o trabalho; uns para a grandeza, outros para a humildade; uns para a opulência, outros para a miséria; uns para o respeito, outros para o desprezo; uns para a memória, outros para o esquecimento; uns para a bonança, outros para a tormenta; uns para venturas, outros para desgraças; uns para as atenções, outros para os descuidos; a uns vemos subir, a outros descer. Mas que importa que no exterior do homem haja tanta diferença se no seu interior não há nenhuma? Que importa que sejam diversos os lugares se nos sujeitos não há diversidade. Quem há de haver que diga que o homem que está posto no elevado de uma torre seja mais homem que aquele que está posto em campo raso? O homem muda de lugar mas não muda o ser de homem; em toda a parte é o mesmo, em nenhuma é mais nem menos; pode parecer maior, mas ser, não. O sol ao meio-dia brilha mais não porque deixe de ser o mesmo nem porque então tenha mais luz, mas porque esta faz mais efeito em um lugar que em outro; no ocaso e no oriente é o mesmo sol e a mesma luz, mas não parece o mesmo. Assim são os homens; em qualquer parte que os ponham, todos são iguais e uniformes; a diferença que há entre eles, não tem outro fundamento que o que vem da preocupação e do conceito; são duas coisas, e ambas vãs, porque nenhuma tem realidade. A fortuna pode armar o homem com hieroglíficos e adornos figurados, mas não o pode armar senão por força; quem levantar as roupas, há de ver o engano e a suposição: não há de achar mais do que um homem como os outros, cujo ornato é pura fantasia arbitrária, artificial e separável; a fortuna pode vestir, não pode formar; sabe fingir, mas não sabe fazer. O mesmo obséquio todo se compõe de um cerimonial imaginário, mutável, de instituição nacional e variante. O incenso que algumas vezes é símbolo da vaidade e da lisonja, primeiro que exale o seu perfume arde, e no ar se extingue e se consome. Tudo o que nos recreia e nos atrai é exalação e fumo; por isso o emprego da vaidade toda consiste em dar substância às vozes, entidade ao modo, e corpo ao vento.

A vaidade satisfeita, ou ofendida, é a que nos faz buscar a solidão e o retiro; como temerosos de perder a tristeza em que achamos um agrado de gênero diverso. Há muitos males em que a vaidade parece se deleitar; e ainda sem vaidade a alegria muitas vezes nos soçobra; não só o excesso, mas ainda a mediocridade dela; porque nunca a gozamos sem alguma perturbação: um receio insensível de a perdermos basta para oprimir-nos, e por mais que o contentamento nos extasie, nunca nos deixa em estado de não sentir. A vaidade satisfeita não nos entrega à alegria sem primeiro a temperar com a mesma equidade com que nunca nos entrega todos à tristeza. A união do gosto com o pesar não é incompatível por mais infinita que nos pareça a distância de um a outro extremo. Também a vaidade e a humildade muitas vezes se encontram, se unem e se conservam.

A mais pura alegria é aquela que gozamos no tempo da inocência; estado venturoso em que nada distinguimos por discurso, mas por instinto; e em que nada considera a razão, mas sim a natureza. Então circula veloz o nosso sangue, e os humores, que em um mundo novo e resumindo, apenas têm tomado os seus primeiros movimentos, os humores são os que produzem as nossas alegrias; e, com efeito, não há alegria sem grande movimento; por isso, vemos que a tristeza nos abate, e a alegria nos move: o sossego ainda que indica o contentamento, contudo mais é representação da morte que da vida; e a tranquilidade pode dar descanso, porém alegria não a dá sempre. Mas como pode deixar de ser pura a alegria dos primeiros anos, se ainda então a vaidade não domina em nós? Então só sentimos o bem e o mal, que resultam da dor ou do prazer; depois também sentimos o mal e o bem da opinião; isto é da vaidade: por isso muitas coisas nos alegram, que tomadas em si mesmas não têm mais bem que aquele com que a vaidade as considera: e outras também nos entristecem, que tomadas só por si, não têm outro mal que aquele que a mesma vaidade lhes supõe. A vaidade naturaliza em nós as opiniões do mundo; e de tal sorte que o conceito que formamos das coisas, por mais que seja indiferente, ou incerto, sempre faz em nós uma verdadeira impressão de alegria ou de tristeza. Tudo o que sabemos é como por tradição; porque sucessivamente vamos deixando uns aos outros as inteligências em que se fundam as nossas vaidades, e as vamos passando como de mão em mão; as que recebemos dos que já vieram, essas mesmas havemos de deixar aos que hão de vir: é uma herança que se distribui igualmente a todos, e que todos largam e entregam na mesma forma que recebem; por isso as ideias novas reputam-se como partos ilegítimos e supostos, porque lhes falta a autoridade do tempo, que as devia autenticar. Tudo envelhece no mundo, e a velhice em tudo imprime um caráter venerável; a antiguidade enobrece as vaidades e opiniões, e destas as modernas são menos singulares, porque têm a desgraça de começar: daqui vem que não temos alegria senão enquanto não temos vaidade, e não temos vaidade senão enquanto não temos ciência dela. A entrada da vida é inocente, por isso então é pura a alegria; a continuação da mesma vida é vaidosa, por isso a alegria então é imperfeita. Nos primeiros anos vemos como elas são, depois vemo-las como os homens querem que elas sejam; em um tempo a alegria só depende de nós: depois também depende dos outros; naquele a alegria vem de uma natureza ainda ignorante e sem vaidade; depois procede de uma natureza já instruída e por consequência vaidosa. Que coisa é a ciência humana senão uma humana vaidade? Quem nos dera que assim como há arte para saber, a houvesse também para ignorar; e que assim como há estudo que nos ensina a lembrar, o houvesse também que nos ensinasse a esquecer.

Somos compostos de uma infinidade de paixões diversas, e entre elas a alegria e a tristeza são as que se manifestam mais e as que são mais difíceis de ocultar: o semblante reveste-se do estado do nosso ânimo, e a alma que, em qualquer parte do corpo, nos anima, ou se mostra prostrada e sem ação, ou cheia de uma justa desordem e de alento; se se vê aflita, nos desampara e se retira ao fundo mais interior de nós mesmos; contente, procura aparecer e se faz visível debaixo da forma do nosso riso. Isso mesmo sucede à vaidade; não se pode esconder, por mais que tome a figura de humildade, de submissão e de reverência; a mesma vaidade quando está contente, logo se descobre e se deixa ver debaixo de um ar altivo e arrogante; se está menos satisfeita, então é que toma um ar de devoção e desengano: contudo a hipocrisia da vaidade pode durar muito, porque como os homens de tudo se intumescem, em tudo acha a vaidade um exercício essencial. Por isso não só há vaidade na alegria, mas também na tristeza: o homem não só se desvanece da fortuna, mas também da desgraça; de sorte que a vaidade é o mesmo que uma consolação universal.

A fortuna nos dispõe para a alegria, mas não é só o que a causa; a desgraça conduz para a tristeza, porém não é só o que a motiva; antes parece que há uma certa porção de alegria e de tristeza que há de passar por nós precisamente; a fortuna e a desgraça não a produz; só a desperta. Tudo nos é dado como por conta; a vida, a fortuna, a desgraça, a alegria e a tristeza: em tudo há um ponto certo e fixo; a vaidade que governa todas as paixões, em umas aumenta a atividade, em outras diminui; e todas recebem o valor que a vaidade lhes dá. Estamos no mundo para ser alvo do tempo; e deste todas as mudanças não se dirigem a nós, dirigem-se à nossa vaidade: os sucessos fazem efeito em nós, porque primeiro o fazem na nossa vaidade; de sorte que um homem sem vaidade seria o mesmo que um homem insensível; o prazer e o desgosto, que não vêm das primeiras leis da natureza, são vãos em si mesmos, de instituição política e unicamente criaturas da vaidade.

As virtudes humanas muitas vezes se compõem de melancolia e de um retiro agreste. As mais das vezes é humor o que julgamos razão; é temperamento o que chamamos desengano; e é enfermidade o que nos parece virtude. Tudo são efeitos da tristeza; esta nos obriga a seguir os partidos mais violentos e mais duros; raras vezes nos faz refletir sobre o passado; quase sempre nos ocupa em considerar futuros; por isso nos infunde temor e covardia, na incerteza de acontecimentos felizes ou infaustos, e verdadeiramente a alegria nos governa em forma, que seguimos como por força os movimentos dela; e do mesmo modo os da tristeza. Um ânimo alegre disfarça mal o riso; um coração triste encobre mal o seu desgosto: como há de chorar quem está contente? E como há de rir quem está triste?

Se algumas vezes se chora donde só se deve rir, ou se ri por aquilo porque se deve chorar, a alma então penetrada de dor, ou de prazer, desmente aquele exterior fingido e falso. Só a vaidade sabe transformar o gosto em dor e esta em prazer, a alegria em tristeza, e esta em contentamento; por isso as feridas não se sentem, antes lisonjeia-o quando foram alcançadas no ardor de uma peleja, esclarecida pelas circunstâncias da vitória; as cicatrizes, por mais que causem deformidade enorme, não entristecem, antes alegram, porque servem de prova e instrumento visível, por onde a cada instante, e sem palavras, o valor se justifica; são como uma prova muda, que todos entendem, e que todos veem com admiração e com respeito; a tristeza que devia resultar da fealdade, confunde-se, perde-se e se muda em alegria por meio das aclamações do aplauso; a dor do golpe também se converte em gosto, por meio do remédio e simpatia do louvor; este atrai a si toda a nossa sensibilidade, e deixa a natureza como insensível, absorta e indolente: assim se vê que a vaidade nos livra de uma dor como por encanto; por isso nos é útil, pois serve de acalmar os nossos males; e se os agrava alguma vez, é como a mão do artista, que faz doer para curar: e, com efeito, a vaidade não persiste muito em fazer sensível a razão que nos molesta; na mesma injúria do desprezo sabe descobrir algum motivo que ou diminui a pena, ou totalmente a tira; lá vai buscar a religião para fazer da paciência o maior merecimento; outras vezes faz que achemos nos exemplos um alívio constante; e que o mesmo vitupério, visto em sujeitos grandes, não só desfaça o nosso pela imitação, mas que também o autorize e ilustre, pela razão da semelhança. A vaidade não consente que a nossa presunção fique abatida, antes para conservá-la, lembra mil interpretações e aplicações forçadas; daqui vem o excogitar a vaidade a regra de que um dos privilégios da grandeza é ser superior às máximas do vulgo, e o que nela o descrédito não desacredita, a desonra não desonra, e a infâmia não infama. A vaidade da grandeza parece que é mais sutil e mais vã do que as outras vaidades, pois introduz o poder e a autoridade até no modo de pensar. Mas que importa que a vaidade estabeleça regras, se estas sempre ficam dependentes da aprovação dos homens; e se estes não sabem sujeitar os seus conceitos, senão àquilo que é comum, que toca a todos e que a todos compreende? Por isso assim como em todos pode ter lugar a causa da ignomínia, também em todos pode ter lugar o efeito dela. A vaidade pode enganar a cada um pelo que respeita a si, mas não pode enganar a todos pelo que respeita a cada. Contra a imaginação não há poder; contra as ações, sim; o pensamento enquanto não sai da sua esfera tem uma liberdade inteira, impenetrável e, muitas vezes, invencível. Creia, pois, a grandeza o que quiser de si, porque também nós havemos de crer dela o que quisermos. A sua vaidade poderá prometer-lhe, ou fingir-lhe, várias isenções, porém fundá-las, não; poderá querer introduzir, mas fazer reconhecer, de nenhuma sorte. O labéu para todos é o mesmo, e se há nele diferença, é que nas pessoas eminentes fica sendo mais reparável e maior. Em uma pedra vil não há imperfeição a que se atenda muito; em uma pedra preciosa qualquer defeito lhe faz perder a estimação: as manchas de um planeta são imperceptíveis; no Sol qualquer vapor o ofusca; o menor eclipse é de todos conhecido; todos o calculam, todos o veem e o medem! Nas sombras não há que distinguir, na luz qualquer alteração é reparável.

A nossa tristeza nos faz parecer tudo o que vemos triste; a nossa alegria tudo nos mostra alegre; e o nosso contentamento tudo nos mostra com agrado: os objetos influem menos em nós do que nós influímos em nós mesmos. Vemos como de fora as aparências de que o mundo se compõe, por isso não conhecemos o seu verdadeiro ser, nem gozamos delas no estado em que as achamos, mas sim naquele em que elas nos acham. A delícia dos olhos e do gosto depende mais da nossa disposição que da sua eficácia; o mesmo que ontem nos atraiu, hoje nos aborrece; ontem porque estava sem perturbação o nosso ânimo, hoje porque está com desassossego; e tudo porque não somos hoje o que ontem fomos: o mesmo que hoje nos agrada, amanhã nos desgosta, e os objetos, por serem os mesmos, não causam sempre em nós as mesmas impressões; por motivos diferentes recebemos alterações iguais. O pouco que basta para afligir-nos, ou para contentar-nos, bem mostra o pouco constantes que são em nós a aflição e o contentamento; por isso uma e outra coisa nos deixa com a mesma facilidade com que nos penetra. Como a maior parte das coisas que sentimos é sem razão, também nos não é necessário razão para deixarmos de as sentir; há espaços de tempo, em que nos esquecemos de sorte, que ficamos indiferentes para tudo, e que tudo nos fica indiferente. A mesma natureza a cada passo equivoca, com ais denota o contentamento e explica com gemidos o alvoroço: as ânsias e suspiros, que acompanham o tormento, também são do gosto a imagem e a expressão mais viva. A vaidade, que comumente produz as nossas alegrias e tristezas, umas vezes tudo nos representa alegre, outras tudo nos oferece triste. Também na vaidade há horas; em umas ocupa-se em objetos de grandeza, em outras todas se entretém em ideias de opulência; umas vezes realiza a nossa fantasia em forma, que tudo nos propõe já conseguido; então é que a vaidade nos enche de alegria; e é também quando a alegria é vã, porque o seu motivo não tem corpo, e só se compõe de uma visão, ou sonho: outras vezes a vaidade nos enfeita com adornos tão ricos e sublimes que não podendo suportar nem o esplendor, nem o peso da figura, ela mesma se desvanece; então é que a tristeza nos combate, porque então nos vemos como somos. O homem em si, é obra de uma inteligência inexplicável. Os seus adornos é que são materiais; a mesma grandeza e fausto, só consta de um aparato superficial, risível, e que não tem mais valor que o que a vaidade e o costume lhe têm dado: o costume é tudo; as coisas não são nada; o de que fazemos tanto caso não é mais do que o modo com que os homens significam, ou explicam o respeito; o mesmo costume faz que buscamos umas coisas, e fugimos de outras; e que umas nos entristecem e outras nos alegram; e como um mesmo objeto pode ser considerado por modos mui diversos, por isso alguns há que ao mesmo tempo nos alegram e entristecem; ao mesmo tempo nos fazem chorar e rir: amar e aborrecer; por isso os nossos afetos mudam-se, encontram-se e variam. Somos os instrumentos da vaidade; ela nos tempera e põe no tom que lhe parece; umas vezes nos levanta, outras nos abaixa; uma vez é um tom sutil, delicado e agradável; outras é um tom áspero, duro e pouco harmonioso. A sociedade dos homens forma um concerto de infinitas vozes, e de infinita diversidade. Todos choram e todos cantam; a vaidade a todos dá porque cantem e porque chorem; todos entram como partes principais; ninguém fica destinado somente para ouvir e ver: enquanto dura a ação, (isto é a vida) todos falam, depois todos emudecem; a estátua, que a vaidade enchia de ar, dor e movimento, depois fica imóvel e insensível; o mesmo homem, que atraía tudo a si, depois tudo faz fugir de si: que notável diferença! O mesmo que se via com gosto e com respeito, depois se vê é com horror: e isto porque finalmente veio a desfazer-se o edifício mais nobre, mais regular e mais soberbo; a melhor arquitetura jaz por terra; os mármores ficaram sem lustro, as colunas sem força, os pórticos sem ordem, os ornatos sem graça: já se não veem senão torres abatidas, muros arrancados, frisos rotos, bases despedaçadas: não há parte, por mais mínima que seja, em que a ruína não seja universal; é ruína em que não pode haver reparo; é tempo cuja destruição não se pode reedificar por arte: os materiais confusos, inúteis já, perdida a proporção, a medida, a correspondência, o polimento e ainda a mesma substância da matéria, tendem desordenadamente a uma transformação fatal, impura, fétida, verminosa e horrenda; a terra piedosamente se abre, como para recolher, ou esconder em seu seio, o mesmo que tinha saído dele; com a diferença lastimosa de receber em um cadáver, símbolo do espanto, e da tristeza aquilo mesmo que havia entregue em um homem, símbolo da alegria e da vaidade.

Os tempos e as ocasiões tiram ou dão valor à vaidade dos homens; e ainda que neles se vejam as mesmas vaidades, contudo há vaidades predominantes, que se mostram mais em certos tempos, e que em certas ocasiões se encontram mais. Assim como nas outras coisas, também na vaidade algumas há que são como filhas de um lugar, e que em um país têm mais reputação que em outro. Os vícios lá parecem que dependem da fortuna; porque as ilusões que os homens idolatram não têm igual estimação em toda a parte. Assim como mudamos de destino, também mudamos de vaidade, não porque deixemos totalmente umas, para seguirmos outras; mas porque há vaidade que em certos tempos têm mais culto. Ainda que a terra seja o primeiro móvel da vegetação, contudo, nem toda a terra é própria para todo o vegetal; aquela em que nasce a rosa, muitas vezes se nega ao lírio; ali donde o jasmim se cria, dá-se mal a açucena; lá donde o urno reverdece, não pode tomar alento a hera: a mesma terra, base de todo o sensitivo, só na África é pátria do leão, na América do leopardo, na Ásia do elefante; o cisne só canta nas ribeiras do Meandro; a fênix só na Arábia se diz que sabe renascer das suas cinzas; a águia não remonta ao sol em qualquer parte. Isto mesmo se vê na vaidade, umas nascem com o homens; essas são vaidades universais; outras resultam das opiniões, que são próprias e particulares a cada uma das nações; essas são vaidades locais e territoriais; e nesta forma governa a vaidade o mundo, dividida em muitas classes, ou em muitos gêneros. Em uma região a vaidade dominante consiste no valor, em outra no luxo, em outra na origem; muitos homens há que fazem vaidade de alguns vícios, a que os inclina a qualidade do clima e necessidade do terreno; de sorte que aquilo mesmo, que em um lugar se faz por vaidade, em outro não se faz: aquilo que em uma parte se estima por vaidade, em outra por vaidade se despreza: como ela depende da opinião das gentes, por isso é tão mudável como a mesma opinião; e, com efeito, a vaidade é coisa essencial no homem; a espécie dela não. Vivemos continuamente em esperanças, e quando alguma nos deixa, e nos engana, logo nos deixamos enganar por outra; não podemos viver sem aquele engano. A vaidade que nos anima primeiro, anima todas as paixões, só com a diferença de que esta nossa terra, ou esta terra do homem, naturalmente produz esperança, e vaidade e tudo o mais vem por força da cultura e do artifício. O mesmo amor está sujeito às leis da vaidade. Quem dissera que o amor, que é como a alma de toda a natureza, tenha na vaidade o seu princípio, e algumas vezes o seu fim. Nascer o amor da vaidade e morrer por ela, isto é amar por vaidade; e também por vaidade não amar, ou deixar de amar, parece difícil de entender; contudo a proposição é certa; mas como havemos de mostrá-la, sem entrar ao mesmo tempo em uma sucessiva progressão a respeito do amor, a respeito da formosura, e por consequência a respeito das mulheres? Sim faremos alguma digressão: mas que importa, em tudo havemos de encontrar a vaidade. Deixemos por um pouco a vaidade só; não sejam tudo reflexões sobre o fim do homem, sejam algumas sobre o seu princípio; não o busquemos naquele estado, em que ele acaba, mas sim naquele em que começa; larguemos um instante aquele assunto triste e busquemos no amor um mais alegre; façamos da mesma digressão divertimento, depois sempre acharemos vaidade na formosura, no amor e nas mulheres.

O amor não se pode definir; e talvez que esta seja a sua melhor definição. Sendo em nós limitado o modo de explicar, é infinito o modo de sentir; por isso nem tudo o que se sabe sentir, se sabe dizer: o gosto e a dor não se podem reduzir a palavras. O amor não só tem ocupado, e há de ocupar, o coração dos homens, mas também os seus discursos; porém por mais que a imaginação se esforce, tudo o que produzir a respeito do amor são átomos. Os que amam não têm livre o espírito para dizerem o que sentem; e sempre acham que o que sentem é muito mais do que o que dizem; o mesmo amor entorpece a ideia, e lhes serve de embaraço: os que não amam mal podem discorrer sobre uma impressão que ignoram; os que amaram são como a cinza fria, donde só se reconhece o efeito da chama, e não a sua natureza; ou também como o cometa que, depois de girar a esfera, sem deixar vestígio algum, desaparece.

Conhecemos as coisas não pelo que elas são em si, mas pela diferença que entre elas há; e esta diferença consiste em não serem umas o mesmo que outras são; a essência das coisas nos é totalmente oculta; e assim conhecemos os objetos pela diversidade das figuras e não pela substância deles; a nossa notícia toda se compõe de comparações; por isso aquilo que não tem coisa que lhe seja em alguma parte semelhante, fica sendo inexplicável: isto sucede ao amor; ninguém o pode explicar verdadeiramente, porque não há coisa a que seja verdadeiramente comparável; o mais a que o conceito chega é a servir-se de expressões opostas entre si; como quando se diz que o amor é fogo, que é neve, que é alívio, que é pena, que é luz, que é sombra.

O amor distingue-se das más paixões, em ter por objetos um fim corporal, sujeito à sociedade; por isso dura por intervalos. A Providência para conservação do mundo suscitou o amor não só nos homens, mas em toda a natureza: ainda os insensíveis, parece que amam e que sentem; a diferença deve de estar no modo de amar e de sentir. As criaturas são mais perfeitas à proporção que são capazes de mais amor; e assim o amor não só é o princípio da vida, mas também é um final de perfeição.

Dizer que o amor procede de uma certa conformidade de humores, e de gênio, mais é sutileza que verdade; a filosofia nesta parte não foi mais feliz que em outras, donde a ciência consiste em saber mais termos, e palavras e não em saber mais coisas. Digamos antes que o amor procede da formosura; que origem lhe havemos de dar mais nobre? A razão mais fácil costuma ser às vezes a mais certa; duvide-se embora da origem da formosura, porém não se duvide da do amor.

Cada coisa tem um limite certo, entre cuja extremidade se deve conter e regular; porém esse tal limite não é fácil de se achar e no amor é quase impraticável, porque é uma paixão que não tem limite, e que só no excesso se mostra e se acredita. Não há delírio que os homens não desculpem quando vem de um grande amor; há delitos em que o perdão se alcança em favor do mesmo crime; então aborrece-se o efeito, mas a causa admira-se; ninguém quisera o sucesso em si, mas todos invejam o motivo.

Um amor medíocre e vulgar só se ocupa no deleite dos sentidos e dele faz a maior felicidade; um amor sublime alimenta-se em contemplar o objeto que ama; este é o amor humano de quem se diz, tem semelhança com o amor divino. Há vícios, que de alguma sorte, parece que dão documentos para a virtude. O amor ordinário é impulso da natureza; o amor subido é como uma emanação da alma; aquele é sujeito à saciedade, e por consequência à dor; porque a saciedade é uma espécie de dor e de tormento, porém este não é suscetível de algum desassossego; aquele busca fora de si o alívio; este acha em si mesmo o contentamento; um é como dependente da vontade de outrem; o outro é isento do arbítrio alheio. O nosso bem só deve depender de nós; por isso nos fazemos infelizes, à proporção que buscamos a nossa felicidade em outra parte. Mas como pode deixar de ser assim? O nosso desejo não se pode conter dentro de nós, porque os seus objetos todos são exteriores; a cada instante envelhecemos, porém os nossos desejos a cada instante se renovam e renascem: vivemos no mundo rodeados de uma imensidade de coisas diferentes, e estas sucessivamente vão sendo o emprego do nosso cuidado e das nossas atenções; todas acham em nós uma certa disposição, que faz que a umas queiramos e a outras não; as nossas paixões são as que escolhem, ou reprovam; as coisas já vêm configuradas em tal forma que assim que nos encontram logo acham, ou um lugar proporcionado, ou incompatível; tudo aquilo em que há grandeza e pompa, a vaidade o recebe e guarda; tudo o em que se mostra formosura, o amor o abraça e se suspende. Tudo entra em nós, ou por força de amor, ou por força de vaidade: a quem a vaidade não vence, vence o amor.

Não temos liberdade para deixar de amar a formosura do mundo e das suas partes; não temos livre o alvedrio para resistir ao encanto que a natureza esconde nas suas produções. A variedade das cores, o movimento dos brutos, o canto das aves, o elevado dos montes, o ameno dos vales, a verdura dos campos, a suavidade das flores e o cristalino das águas, tudo atrai a nossa admiração e tudo nos infunde amor. A fábrica do universo é como um retrato da Onipotência; a grandeza do efeito indica a majestade da causa; por isso o amor, ou o louvor da obra, cede em honra do artífice.

Esta insigne máquina serve de delícia aos nossos olhos e de pasmo ao nosso entendimento, toda se compõe de partes agradáveis, como se inteiramente fosse tirada de um fundo, ou princípio imenso de formosura. A mesma desordem e confusão das coisas nos recreia; o furor dos elementos forma um espetáculo perfeito: o ar com os seus bramidos, a terra com os seus tremores, a água com os seus combates e o fogo com os seus incêndios. No vento admiramos um ar, ou espírito invisível, cuja força se emprega na ruína de muitas coisas sólidas; os terremotos já reduziram em montes as planícies, e fizeram planícies dos montes, como se o mundo não tivera o seu assento firme; as águas entre si se quebram e despedaçam, e quanto mais horríveis e agitadas, tanto mais nos mostram em líquido teatro mil vistosas aparências; o fogo ainda quando parece raio nos diverte, e ainda quando abrasa alumia; a formosura até se sabe introduzir na fealdade, no horror, no espanto.

Vemos a perfeição dos objetos, mas ignoramos a qualidade deles, por isso os amamos, porque o amor quase sempre foge, assim que conhece a natureza do que ama. Os antigos pintaram ao amor cego, talvez para mostrar que o amor para ser confiante é preciso que seja incapaz de ver, e que a falta de luz lhe sirva de prisão. Muitas coisas estimamos somente porque as não conhecemos; e outras, porque as não conhecemos, as não estimamos; tanto é certo que não há nada certo no mundo; nos mesmos princípios se fundam muitas coisas contrárias e opostas entre si.

A primeira coisa que a natureza nos ensina é amar; e assim o primeiro afeto que sabemos é aquele mesmo por onde a nossa existência começa a ter princípio. Novos no mundo porém não no amor, esse se manifesta em nós logo no berço; ali mostramos para alguns objetos desagrado, e inclinação para outros; a uns buscamos com riso, e de outros fugimos com medo; uns nos servem de espanto, outros de divertimento; choramos por alcançar uns, e também choramos por evitar outros; como se o ódio, e o amor naquela idade não tivessem outro modo de explicar-se, nem soubessem mais idioma que o das lágrimas: também não é novo o chorar-se de gosto, do mesmo modo com que se chora de pena.

Nos primeiros anos da vida toda a variedade nos atrai; entramos neste grande teatro cheio de contentamento, sem experiência das impressões de dor, e ignorando os efeitos da vaidade; por isso não temos então, nem pensamentos que aflijam, nem cuidados que mortifiquem; não nos combatem as lembranças da morte, e se vemos os seus triunfos, ou já nos epitáfios, ou já nas pompas fúnebres, parece-nos que está tão longe de nós aquele estrago, que na mesma distância em que a nossa ideia o considera, se confunde e desvanece o horror. Que feliz ignorância e que venturoso descuido! Em contínua travessura passamos aqueles anos, em que os nossos espíritos, ou por mais vivos, ou por mais alegres, apenas cabem em nós. Os campos, as flores, as aves, os rios, tudo nos serve de jogo inocente e de festiva ocupação: estes são os ensaios e prelúdios, com que o tempo dispõe a nossa dócil inocência e com que um amor universal a tudo quanto vemos, depois só se reduz àquele amor que tem por objeto a duração do mundo, ou a nossa mesma reprodução; por isso a poucos passos começamos a sentir um novo impulso; aquele agrado comum com que víamos as coisas, já se distingue, olhando com especialidade para algumas e com indiferença para as mais; como se estas fossem destinadas para entreter as nossas primeiras atenções, sendo só umas o para que nos dirigia o fim da natureza.

Esses primeiros anos todos se compõem de amor e de esperança: estes dois afetos tomam a melhor parte de nós, ou escolhem para si aquele tempo em que vivemos com mais vida; no seu princípio e no seu progresso, é o amor uma paixão cheia de entusiasmo e de furor, depois perde totalmente a violência: por isso amamos mais quando sabemos amar menos, isto é, quando amamos quase por instinto; e, com efeito, o amor não se introduz por discurso, e se alguma vez discorre, é sinal que está perto de acabar; porque o amor só é prudente quando acaba, não porque então o seja em si, mas porque então quer.

Culpa-se o amor de vário e de inconstante, sendo que as mais das vezes seria maior a sua culpa se fosse constante e firme: o amor só quando deixa de amar se emenda, só quando é vário se justifica, e só quando é inconstante se desculpa: quando começa, parece que não é erro o amor; porque mal se pode evitar aquele primeiro instante que nos atrai; aquela primeira luz que nos assombra; aquele primeiro agrado que nos engana: o nosso arbítrio, ou a nossa reflexão, vem depois, como remédio que sempre supõe sucedido o mal: não se pode fugir do raio despedido de uma nuvem. O amor ainda nos alcança com mais pressa e mais vigor, porque é raio que se forma dentro de nós mesmos: o valor consiste em arrancar a seta, por mais que fique despedaçado o peito.

Não somos firmes no amor, porque em nada podemos ser constantes: continuamente nos vai mudando o tempo; uma hora demais é mais em nós uma mudança. A cada passo que damos no decurso da vida, vamos nascendo de novo, porque a cada passo vamos deixando o que fomos, e começamos a ser outros: cada dia nascemos, porque cada dia mudamos, e quanto mais nascemos desta sorte, tanto mais nos fica perto o fim, que nos espera. A inconstância, que é um ato da alma, ou da vontade, não se faz sem movimento; a natureza não se conserva, e dura, senão porque se muda e move. O mundo teve o seu princípio no primeiro impulso, que lhe deu o supremo Artífice; a mesma luz, que é uma bela imagem da Onipotência, toda se compõe de uma matéria trêmula, inconstante e vária. Tudo vive enfim do movimento; a falta de mudança é o mesmo que falta de vida e de existência, assim a firmeza é como um atributo essencial da morte.

Se em nada, pois, há permanência, e se o estado da firmeza é contrário às leis da vida, como pode ser que haja amor constante? Isso é um impossível desejado. Não há nada isento das revoluções e alterações do mundo; tudo nele se muda, porque tudo se move; por isso a firmeza é violenta, ao mesmo tempo que a inconstância é natural. Para sermos firmes, é-nos necessário força, porque temos que vencer a economia e ordem que não permite repouso em coisa alguma; para mudarmos a mesma natureza, nos inclina e guia; semelhante a qualquer peso, que sobe com violência e desce por si mesmo. O movimento e a mudança de que depende o ser das coisas também é princípio do fim delas; sem mudança e movimento, nem se pode existir, nem acabar; a mesma origem da vida também é da morte a causa; por isso é tão certa a morte, é tão curta a vida; porque um e outro extremos nascem do mesmo modo e se criam no mesmo berço.

O amor é um influxo da beleza, por isso esta raras vezes anda solitária, e quase sempre a acompanha o amor: agradável mas louca companhia; apetecida, mas traidora felicidade! Compõe-se a formosura de uma certa modulação das partes; obra mais do acaso, que de um cuidado especial da natureza: mas porém deve admirar-se um instrumento cujas cordas só produzem harmonia: assim é a formosura; e é pouco de estimar aquele de donde só resulta dissonância; assim é a fealdade. A formosura reside em uma forma exterior; o amor parece que é um efeito da vontade, ou do desejo; aquela se mostra, porém este se esconde; este é invisível, porém aquele se vê: a formosura pode dizer-se o como é, porém o amor não; porque quem o tem sente sem saber o que, e quem o não tem ainda o conhece menos.

O amor nasce da formosura e com ela morre; e assim como pode haver amor constante, se é tão pouco constante a formosura? E se esta muda tanto, como pode ser que o amor não mude? Há três progressos em tudo quanto a natureza abraça; o primeiro é de crescer; o segundo, de estar; e o terceiro, de diminuir: nesta lei também entra a formosura; cresce, está e diminui. O amor fielmente segue a formosura; não muda quando a formosura cresce; não foge quando ela está, mas com ela diminui e acaba. O tempo, com um passo sutil e disfarçado, lentamente imprime na beleza o seu caráter; já começa a ser tíbia a luz dos olhos; já se mostra sem sabor o agrado e já fica sem alma a mesma graça; acabou-se pois a formosura e apenas pode descobrir-se a sua ruína entre os mesmos sinais do seu estrago: tudo são riscos donde se vê como em padrões fatais escrita a impressão dos dias; tudo são concavidades, donde se mostra como em funesto exemplo gravado o rigor do tempo; essa imagem desvela o que foi da idolatria, cuidado de atenções e finalmente emprego que foi de tantos votos, já se vê sem altar e sem veneração; e trocado o culto em vitupério, só ficou para objeto do desprezo; como se a idade fosse algum delito, ou fosse culpa o número dos anos: assim acaba a formosura, assim acaba o seu império, e também assim acaba o amor. O sol nascendo no Oriente vem cheio de beleza e resplendor; por isso tudo são tributos, tudo admirações e tudo amores: as fontes o festejam murmurando; as aves o anunciam com requebros e as flores com o riso o lisonjeiam; mas depois de ter corrido (qual gigante) um caminho imenso; e depois que os resplendores se mudam no ocaso em pálido semblante, logo acabam os amores, as admirações e todos os tributos; na mesma tumba em que se apaga a luz, também se extingue o aplauso; na mesma sombra em que se encobre o dia, também se esconde o obséquio; e o respeito acaba nas mesmas ondas em que faz naufrágio o sol.

Sucede muitas vezes mudar o amor primeiro que a formosura mude; isto dizem que faz o amor ingrato; porém a mudança quase sempre é culpa da beleza e não do amor. Naturalmente a formosura é soberba, vaidosa, ímpia e arrogante; não só refusa, mas despreza; não só desdenha, mas injuria. Um objeto amável basta para produzir amor, mas não basta para conservá-lo; o amor nasce facilmente, mas dura com dificuldade; porque o império da beleza sempre foi tirano e sem brandura, não há domínio permanente. O amor é ato de um movimento repentino; a conservação dele vem por discurso, por isso a primeira coisa é fácil, e dificultosa a outra. Não há encanto perpétuo; o do amor também tem fim, e enquanto dura, é por intervalos; e ainda que o amor seja pronto e arrebatado em conquistar, por isso mesmo nada tem seguro; porque o que se toma precipitadamente, precipitadamente se larga; daqui vem que um moderado amor costuma ser durável; o que é excessivo, a sua mesma violência o acaba; a tormenta forte nunca dura. Mas não sei se pode haver moderação no amor. Há muitas coisas em que a moderação é contrária à natureza delas; e em que a abstinência custa menos do que o uso limitado. O amar uma coisa só parece que é mais penoso que o não amar nada; porque, com efeito, o abster é menos dificultoso que o conter; por isso a prisão de algum modo molesta menos que uma liberdade restrita: o usar das coisas com regra traz consigo uma espécie de aflição; o não usar de nenhuma sorte, o que traz é esquecimento. Podemos fazer hábito de não ter, ou de não amar, porém não o podemos fazer de amar, ou ter debaixo de algum preceito; tudo o que recebemos, ou se nos dá com condição, parece-nos violento: olhamos menos para a parte em que a coisa é livre que para aquela em que o não é; a proibição sempre nos deixa suspensos e como magoados; porque o nosso desejo não tem atividade naquilo que é já nosso, mas sim naquilo que o não é e que não pode, ou não deve ser; o que se permite não parece tão bem como o que se nega; o muito que se concede não consola do pouco que se proíbe; por isso o alheio nos agrada, porque nele achamos uma negação ou limite do que é nosso. Vemos com saudade o tempo que passou; esperamos o que há de vir com ânsia e para o presente olhamos com desgosto: assim devia ser, porque o tempo que passou já não é nosso; o que há de vir não sabemos se será; e só o presente, porque é nosso, nos aborrece. O amor está seguro enquanto dura a pretensão; o que o perde é a propriedade: sustenta-se mais na dúvida que na certeza; qualquer coisa que procure o anima e desfalece, se lhe não falta nada. Isto não é só no amor; em tudo sucede o mesmo: todas as paixões se acabam, assim que se satisfazem: conseguido o fim de cada uma, logo ficam sem vigor e amortecidas: ninguém espera o que possui, ninguém deseja o que já tem, e ninguém se desvanece muito daquilo que logra há muito tempo; e desta sorte o amor, o desejo, a esperança e a vaidade acabam-se quando alcançam; e deste modo perdemos as coisas todas as vezes que as chegamos a ter; ou ao menos perdemos o gosto, que nos vinha do desejo, do amor, da vaidade e da esperança. Daqui vem que para reprimir as paixões nem sempre é bom meio o reprimi-las; na resistência parece que se formam e fortificam mais; algumas nascem só da resistência e não podem existir sem elas. Da dificuldade das coisas inferimos a excelência delas; o fazê-las fáceis e sem oposição, é o mesmo que tirar-lhes a graça que as fazia apetecíveis. Em todas as paixões se encontra a vaidade de querer vencer; não há vitória sem combate, e se a há, é sem glória e sem merecimento. Contra um campo aberto não há desejo, nem ardor; a vaidade tem repugnância a entrar pacificamente, armada sim; a muralha incita, porque impede.

A vaidade, ou a soberba de uma mulher formosa, é quase insuportável; ainda o amor mais fino se revolta, porque o amor ainda que jure escravidões, nem por isso consente nelas; e quando é bem entendido, não costuma ser vil, reverente sim; a submissão por degenerar em baixeza não faz ao amor menos inconstante; a firmeza não se fez para obstinação. Não é suave o jugo da beleza; apenas se lhe pode sustentar o peso; a arrogância, que a acompanha sempre, exige condições tão fortes que o mesmo afeto, que por força as aceita no princípio, depois as desvanece; porque o amor, se busca a formosura, também foge da aspereza; um gênio severo e duro não pode inspirar constância, retiro sim: por mais que estejam preocupados os sentidos, nem por isso estão sempre dispostos para sofrer; e, com efeito, o amor fez-se para delícia, não para castigo; fez-se para alívio, não para tormento; para gosto, não para martírio. Não há encanto que não possa desfazer-se; por mais fortes que sejam os laços com que o amor nos prende, muitas vezes um discurso os rompe; um pensamento os desfaz; uma reflexão os desata; e pela maior parte esse discurso de que nasce a inconstância, procede da aspereza, da vaidade e da condição da formosura.

A natureza que na produção da formosura se empenha em formar um encanto, deste não quer que seja invencível o poder; por isso na mesma formosura inclui logo a tirania, o engano e a vaidade, para que estes feios atributos, expostos à nossa vista, ou sirvam de quebrar a força a esse mesmo encanto, ou ao menos possam limitar-lhe o efeito; e assim temos o remédio na própria origem da ruína, e no mesmo mal achamos o defensivo dele: se a beleza nos atrai a imperfeição do gênio nos desvia; se nos enleva uma imagem viva, donde em justas proporções a natureza mostrou os seus primores, também uma condição áspera e desabrida nos afasta; e finalmente se a nossa própria inclinação nos tira a liberdade, o nosso entendimento nos resgata. E assim não se queixe a formosura, nem do amor, nem da inconstância; veja primeiro se acha a culpa em si; quanto mais que o amor, ainda que cego, nem por isso se obriga a estar sempre em um lugar; a inconstância ainda que odiosa, nem por isso lhe faltam os motivos que a fazem justamente ser precisa. Quantas vezes a virtude depende unicamente da mudança! Nem sempre é traição a falta de firmeza; nem sempre o ser vário é ser infiel; e nem sempre o ser inconstante é ser ingrato. As sem-razões da formosura autorizam o nosso esquecimento, o ser sensível é o que faz ser amante; e quem tem sensibilidade para amar também a tem para sentir; porque se a formosura nos recreia, também a injúria nos irrita; se o agrado nos convida, o desprezo nos magoa; e se o amor enfim nos chama, também a ofensa nos retira.

Sim, é soberba a formosura, mas não é para admirar, pois é grande o seu império; é vaidosa, mas como pode não o ser? É presumida, mas que muito se em se vendo, a sua mesma vista a lisonjeia? É tirana; que importa, se é virtude esse defeito, e se nela a bondade é culpa? Na formosura acha-se a circunstância mais essencial da luz; esta ilustra e faz claros os objetos que estão perto dos seus raios; assim a beleza, pois parece faz formosos aqueles vícios que a acompanham; essa fereza, essa arrogância, e essa mesma condição altiva, sim são imperfeições grandes na beleza, mas são como as sombras, que um delicado pincel debuxa, a representa, não para desluzir o primor da arte, mas para realçar a fineza da pintura. Uma estrela brilha mais no espantoso silêncio de uma noite escura; a mais perfeita luz é a do sol, contudo a sua atividade nos molesta e escandaliza: as coisas nem por mais perfeitas nos agradam mais; antes alguma imperfeição as modifica em forma que ficam proporcionadas ao nosso gosto; aquilo que é perfeito em um certo grau, excede a nossa esfera e por isso nem o podemos gozar nem entender, porque o desejo não se estende adonde a compreensão não chega. O entendimento, ou a alma, é o que primeiro move, e assim tudo o que excede a nossa inteligência fica sendo impenetrável ao nosso afeto. Mil coisas há perfeitas no seu gênero, por onde continuamente passamos sem reparo; tudo o que distinguimos, ou sabemos, é por comparação; de sorte que em não podendo comparar, também não podemos conhecer: a diferença das coisas entre si é a que desperta a nossa atenção, e dá lugar ao nosso conhecimento, por isso tudo o que é formado como de um só rasgo, de uma só linha, ou como de um só alento, logo nos fica sendo incompreensível; o discurso não pode entrar naquilo em que tudo é um, igual, ou uniforme; porque a unidade não admite combinação, e o pensamento não pode introduzir-se facilmente donde tudo é o mesmo, e donde não há nem diversidade de substância, nem desigualdade de matéria. Podemos dizer que a nossa capacidade só tem por objeto aquilo que é composto; porém tudo o que é simples absolutamente fica sendo mistério para nós, e por isso sempre oculto e escondido; e assim a divisão e variedade de partes, ao mesmo tempo que indica um ser imperfeito, também serve de meio que nos facilita a inteligência das coisas e nos conduz ao conhecimento delas; e desta sorte alguma imperfeição na formosura faz-nos ver melhor o que ela tem de raro e de admirável; algum defeito mostra-nos o que por outra parte ela tem de singular; e finalmente, algum vício faz-nos reparar o que se encontra nela de virtude; e assim serve-nos de guia essa imperfeição, esse vício e esse direito.

Mas que poucas vezes se encontra na beleza aquele certo grau de imperfeição, que à maneira de uma sombra leve só sirva de realçar-lhe a luz! A repartição do vício sempre é larga e abundante, e o defeito não se comunica escassamente, com profusão sim: o que vemos de imperfeição na beleza raras vezes é como um sinal, ou mancha breve, de que o alinho se adorna por arte e por estudo; antes essa imperfeição se estende e cresce tanto, que abraça o objeto inteiro e o escurece: qualquer mistura em pouca quantidade contamina a pureza de um licor; uma grande porção o absorve e compreende todo. Esse caudaloso Tejo não o turva um só regato imundo, porém muitas torrentes de água impura fazem-lhe perder o nome e semelhança de cristal; uma só nuvem não faz sombria a claridade do horizonte, mas muitas nuvens juntas fazem de um belo dia, uma noite escura: assim a beleza; o vício nela não costuma ser como um regato, mas como torrente; o que tem de imperfeito não é como um sinal (efeito enfim da meditação) mas como uma mancha verdadeira; o seu defeito raramente é leve; antes quase sempre pesa mais do que a mesma formosura. Infeliz concórdia, cruel sociedade! Quem dissera que um mesmo objeto seja capaz de inspirar amor e aborrecimento! Tão pouca distância há entre o mal e o bem? Entre a aversão e o afeto, entre o perfeito e o defeituoso, que em um mesmo sujeito se possam encontrar e unir?

A vaidade da formosura é a mais natural de todas as vaidades, é vaidade inocente; a natureza em nada se recreia tanto como em contemplar-se a si na sua obra, e em rever-se na sua mesma perfeição; por isso a formosura é um encanto, a que não resiste, nem ainda quem o tem; ela a si mesma se namora, a si se busca, ama-se a si e de si se rende; é como um efeito, quem vem a retorquir-se contra a sua causa, ou contra o seu princípio; e como um movimento que retrocede e se dirige contra o seu mesmo impulso; a formosura, pelo que sente sabe o que faz sentir; e pelo que se ama, conhece que se faz amar; daqui vem que a vaidade e a altivez são partes de que a formosura se compõe; a mesma tirania e rigor atrai: e que haverá na formosura, que não sirva de laço, de prisão, de amor?

É propriedade do amor o ser violento; e é propriedade da violência o não durar. O amor acaba-se em nós, não por nossa vontade, mas porque tem por natureza o acabar; e ainda que tudo há de acabar conosco, nem tudo espera por nós. Quando amamos é por força, porque a formosura que nos inclina, nos vence; e também é por força quando não amamos; porque uma vez rotos os laços, ficamos de tal sorte livres, que ainda que queiramos, não podemos tornar a eles; e assim não está na nossa mão o não amar, nem também o amar: o coração por si mesmo se acende e entibiece; nós não o podemos inflamar nem extinguir-lhe o ardor: aleguem os amantes esses mesmos ardores indiscretos; façam deles merecimento para o favor; imaginem embora, que os soluços e gemidos fazem ser devida a recompensa; exagerem penas, e martírios, e finalmente tenham a ventura de que uma beleza tímida, inocente e incauta, creia que verdadeiramente está obrigada e que deve atender e corresponder: ambos se enganam; o amante em supor que, por amar, merece; e a beleza em crer que o amor é merecimento: não é tal; porque o amor vem da formosura e não do amante; este não faz mais que receber uma impressão a que não pode resistir: nada merece um bronze por receber em si a figura de uma Vênus; a maravilha não está no bronze, que recebe, mas no braço que imprime; a arte não se mostra no metal, mas na mão que conduz o buril e abre; o bronze não pode deixar de consentir a estampa, porque não tem mais do que um modo passivo e material; só o braço obra ativamente: daqui vem que quando amamos, é porque a formosura nos obriga a amar; e assim que merecimento pode haver em pagar um tributo natural, forçado e inevitável? Por isso o amar, ou não amar por razão, por discurso, ou ainda por interesse, não pode ser; porque os sentidos, não se deixam cativar por argumento: daqui vem que muitas vezes se ama, o que se não deve amar; isto será porque o coração não pode resistir à formosura. O mais que pode fazer é calar, dissimular, esconder: podemos não confessar, mas deixar de cair é mui dificultoso; podemos sofrer, mas deixar de sentir também não; podemos não seguir, mas deixar de apetecer é impossível; antes o sofrimento aviva o amor, a resistência o fortalece; porque tudo o que se reprime, se esforça; um arco comprimido adquire mais vigor para quebrar a corda. O mesmo é não querer, ou não dever amar, que amar. Não temos domínio no nosso gosto; as coisas agradam-nos porque nos parecem agradáveis; como havemos de impedir que as coisas nos pareçam o que são, e ainda o que não são? Se os sentidos nos enganam, quem nos há de desenganar, ou como havemos de emendar esses mesmos sentidos enganados? A razão e o discurso não valem, ou não sabem tanto como se diz; porque o que julgam é por meio de algum sentido enganador; se os olhos e os ouvidos se distraem e alucinam, que outros sentidos temos nós que os haja de conter, ou os faça retratar? Julgamos pelo que vemos e pelo que ouvimos: estes sentidos são em nós, como dois relatores injustos, falsos, infiéis: daqui resulta que quando o querer é culpa, essa culpa não é nossa, mas sim da formosura que nos move e que nos prende. Que culpa pode ter a cera por receber em si o caráter de uma imagem? O mármore que culpa tem por conservar a forma que o artífice lhe deu? Que culpa tem o pano por servir de campo, ou de teatro às obscenidades do pincel? E finalmente, que culpa tem o ferro por ser o instrumento dos golpes e da morte? As coisas em si são inocentes; o erro é exterior e vem de fora: o mal parece que não nasce nem se cria em nós, comunica-se a nós. Infelizmente o nosso coração não é firme como o ferro nem duro como a pedra; antes é mais tratável do que o pano, e mais brando do que a cera; é como uma lâmina original impolida, informe, e ainda sem configuração; e donde não há nem amor, nem ódio, nem culpa, nem merecimento, nem virtude, nem vício; mas é o donde tudo aquilo se põe, se faz, se introduz, se esconde.

Em todo o tempo prevaleceu nos homens o poder; eles arrogaram a si toda a jurisdição legislativa: a sujeição em que ficaram as mulheres foi a pena da sua primeira culpa. Aquela sujeição, que não devia exceder as regras da equidade, veio a degenerar-se em tirania, e a introduzir nelas uma espécie de escravidão. O ciúme dos homens fabricou os ferros e a formosura das mulheres foi o crime original, que nunca puderam expiar, nem remir: a mesma formosura com que as dotou a natureza, lhes tirou a liberdade; alcançaram na beleza o maior favor, mas comprado por um custo imenso, isto é à custa da liberdade; ficaram sujeitas aos homens por força, e os homens a elas por vontade.

Infeliz e estudada consolação! O cativeiro costuma ser à medida da formosura; quanto mais belas, mais presas: para terem alguma liberdade é preciso que não tenham nenhuma formosura. Cruel situação! Quem há de trocar uma coisa pela outra, ou quem sabe qual das duas é melhor? Ter liberdade e formosura juntamente é muito; ter uma coisa e perder a outra, é pouco. Quem há de resolver-se a perder a liberdade, e também que mulher se não há de afligir na falta de formosura? As diferenças são que a liberdade em quem a tem dura sempre, a formosura não; naquela não tem domínio o tempo; nesta até se conhecem os instantes; semelhante à gala de uma flor, que não tem mais duração que um dia; e assim se vê que nas mulheres a injustiça dos homens lhes tira a liberdade assim que nascem, e pouco depois lhes tira a formosura o tempo, e de tal sorte que nem restos lhe ficam do que foram para se consolarem do que são: nem pode deixar de ser; porque o tempo não só desconserta, mas destrói e arruína; cada hora deixa o seu sinal; e os instantes que diminuem a vida à proporção que passam, também diminuem a formosura, até que a gastam, e desfazem; semelhante a uma exalação, que em breve espaço se dissipa. Os anos sim deixam a regularidade das feições: mas de que serve uma regularidade usada? O que nela se vê é como um debuxo, que não foi feito para imagem, mas para semelhança. Uma representação do que foi sempre é triste; por mais que a consideração se forme uma ideia agradável de um monumento destroçado e antigo, sempre o que se admira é com lástima: a imaginação fervorosa e forte pode, de algum modo, fazer presente o que não é, mas não pode fingir tanto que se não percebam as ruínas; os vestígios trazem à memória a grandeza do edifício, mas sempre o mostram desfeito. Isto sucede na beleza; acaba-se em se lhe acabando a graça: esta continuamente foge; passa insensivelmente, e o que fica é uma estátua, uma sombra, uma figura.

Ama-se por vaidade, e também por vaidade não se ama. Diga-o aquela formosura a quem um voto poderoso fez perder a liberdade. Não foi inspiração celeste que a fez buscar a solidão de um claustro; talvez foi um infeliz amor a quem se opôs a vaidade. Cruel destino! Havemos de amar à vontade da vaidade, e não à vontade do amor? Mas que pouco dura o amor, quando não nasce do amor! Não há maior combate que o que se dá entre a vaidade e o amor; se este fica vencido, a mesma vaidade chora, e se arrepende; é vitória que se forma do estrago do vencedor. Um amor desconsolado, em nada pode achar compensação; porque esta só cabe quando há outra coisa que valha o mesmo; ao amor não há coisa que o iguale nem valha tanto. Aquela mesma formosura, a quem a vaidade dominante fez deixar o mundo para a livrar de algum amor humilde, sim vive retirado no limitado espaço de uma prisão santa: mas que importa que essa prisão lhe tire a liberdade das ações, se lhe não há de tirar a liberdade do desejo? Assim como não há ferros para o entendimento, também não os há para o coração; este, ainda no meio da violência e da tirania, sempre se conserva isento e livre. Um véu preto sempre esconde, mas não muda, nem desfaz nada do que esconde; antes tudo aumenta mais, e tudo mostra ainda maior e mais claro do que é. Uma comunidade religiosa coberta de véus, o que faz imaginar é que cada véu encobre uma beleza, e muitas vezes o que encobre é uma fealdade enorme; o pensamento nesta parte é sempre favorável, porque debaixo daquelas sombras nunca supõe outras sombras, luzes sim: há coisas que, de se ocultarem, resulta verem-se melhor; em vingança de um manto escuro, tudo o que está debaixo dele se nos representa perfeito e singular; aquela espécie de rebuço o de que serve é de avivar a imaginação, de desanimá-la, não: tudo o que se esconde, parece-nos admirável, só porque se esconde; de sorte que o ocultar é o meio de acreditar as coisas e de dar-lhes maior valor. O mesmo é pôr-se aos olhos um obstáculo que fazê-los penetrantes, e pô-los em uma atividade que eles não têm naturalmente: a vista que se embaraça adquire maior força, à maneira de uma corda, cujo vigor aumenta à proporção que a fazem fugir do arco; a mesma distância em que algumas coisas se põem, as fazem estar mais perto; e por este princípio, tudo o que se esconde, se mostra. Quem dissera que o recato e a modéstia mais chamam do que desviam, mais servem de convidar que de afastar! Quem foge parece que quer que o sigam; quem deixa parece que quer que o busquem: o mesmo é cobrir o rosto, que incitar mil vontades de o descobrir; a desconfiança faz nascer a instância e o cuidado; o engano muitas vezes se evita só com não o presumir; e, com efeito, o retirar-se e pôr-se em defesa é o mesmo que dar um sinal de guerra; o que se guarda e se esconde é a primeira coisa que se assalta; a liberdade do porto é o que o conserva livre de invasão.

O estimarem-se as coisas que não têm valor é o mesmo que fazê-las estimáveis; o que se busca com ânsia não é o que se dá, mas o que se nega; o que se permite desgosta, o que se refuga atrai. O amor não tem seta mais aguda que aquela que se armou de proibição; no tomar, parece que há mais gentileza que no aceitar; a dificuldade incita: muitas coisas não têm outro algum merecimento que o serem dificultosas; a resistência é o que move a vontade; tudo o que se concebe é sem sabor. A impugnação faz a coisa considerável, porque lhe dá um ar de empresa, e de vencimento: os mais altos montes são os que se admiram, só porque custam a subir; a facilidade é aborrecida em tudo; o lustre do argumento vem da contradição. Isto sucede à formosura, a quem a vaidade prendeu só por livrá-la do amor: mas que pouco conseguiu a vaidade. Contra o amor não há poder, apenas se pode impedir algum dos seus efeitos: a causa, isto é, o amor, sempre permanece constante; a dificuldade, o retiro e a prisão fazem que a formosura seja mais bela e mais amante; a natureza por achar desvio, não se despersuade; a nossa indústria não a pode vencer; antes o mesmo é impedi-la, que enchê-la de estímulo e de alento; quanto mais a abatemos, mais a fortificamos; é engano parecer-nos que podemos tirar-lhe os meios; por um que lhe tirarmos, ela se há de formar mil; primeiro se há de acabar em nós o modo de embaraçar, que nela o modo despertamos; o buscar artifícios para sossegá-la é o mesmo que chamá-la para o conflito; o mesmo é reprimi-la, que irritá-la. As águas de uma fonte correm mansamente e sem ruído, apenas umedecem as flores que lhe bordam o caminho; mas se neste encontram embaraço, ou se algum penedo, que o tempo arrojou do monte, se foi atravessar e impediu o passo; então se vê que aquelas águas vão crescendo sobre si, e juntas se acumulam tanto que o rompem e arrastam tudo o que as comprime, ou subindo se elevam de tal sorte que chegam ao lugar de onde, por mil partes, se lançam e precipitam. Isto vemos nas águas de uma ponte, donde não concorrem mais motivos que aqueles que em um corpo fluido procedem do equilíbrio. Só nas mulheres não queremos achar naturalidades; prendem-se porque são mulheres, como se, quando vêm ao mundo, trouxessem na razão do sexo escrita a condenação; e que a formosura só lhes fosse dada para regular-lhes os graus de desventura. Quem diria aos homens que as mulheres, sendo compostas de uma matéria frágil e propensa, podem espiritualizar-se em forma que todas se convertam em discurso racional? Trabalhe embora o ciúme, e juntamente a vaidade; o ciúme em procurar que a mulher se não incline, e a vaidade em prescrever documentos à beleza, para que não ame sem certas proporções e identidades; nem o ciúme nem a vaidade hão de alcançar aquele intento; o amor não admite força, nem império; ninguém ama nem desama por preceito. Quem há de tirar o gosto que a alma sente quando os olhos, ou o pensamento, lhe mostram um objeto lisonjeiro e agradável? Como se há de fazer que a boca seja insensível ao sabor de um manjar delicioso; e os ouvidos como podem deixar de suspender-se ao som de uma voz sonora e cheia de harmonia? As primeiras qualidades não se podem mudar. Não podemos dar leis às coisas; ao exterior delas, sim; as palavras e as ações admitem composição e fingimento; a substância delas não; por isso não é fácil desaprovar o que os sentidos aprovam. Quem há de reduzir a formosura a crer que deve fugir de quem busca, e que deve querer mal a quem lhe quiser bem?

Oh, quantas vezes um pretexto divino serve para autorizar humanos interesses! As coisas santas sabem os homens aplicar a fins os mais injustos: qualquer sem-razão para ser permitida basta que seja necessária; o ponto é que haja quem saiba introduzir a necessidade dela: os princípios mais inalteráveis se alteram; o ponto é que o interesse ou a vaidade sejam partes. As regras não governam aos homens, estes é que governam as regras. As leis não compreendem ao legislador, nem aos que estão junto dele; as prerrogativas do poder parece que são comunicáveis até uma certa distância; daí para baixo ficam sendo como uma luz, de que se acabou a esfera. Só nos efeitos visíveis da Onipotência não vemos que nenhum se mude nem altere; o movimento dos astros, o progresso do tempo, a regularidade das águas, tudo guarda uma ordem certa e infalível: o Artífice Supremo não comunica o seu poder mais do que a si mesmo, isto é, à Sua providência; por isso as leis, que ele ideou no princípio e antes dos séculos são as mesmas que subsistem hoje. Quem viu ainda que houvesse dia em que as águas não crescessem, e baixassem? Que o sol se apartasse do zodíaco, que a lua deixasse as suas fases, que as estrelas fixas variassem, e que o firmamento não circunvolvesse em vinte e quatro horas o universo? Quem há que não admire as sucessões do tempo nas estações do ano, a vegetação da terra, a produção dos animais, a dureza das pedras, a virtude das plantas, a variedade das cores, o cheiro dos aromas, o encanto das vozes, os impulsos da atração, do repouso e do movimento? Finalmente todas as coisas ainda observam o mesmo ser original, a mesma correspondência, a mesma economia, com que o Autor do mundo as fez: tudo o que foi instituição divina e que não depende da execução dos homens permanece sem alteração; aquilo porém que tem com os homens alguma relação ou dependência ficou, e está sujeito a uma contínua mudança e contrariedade. As leis primitivas que ainda antes de serem gravadas em mármore e em tábuas foram, e estão escritas nos corações, essas são as primeiras, que segundo as contingências, para se não guardarem, se interpretam. Daqui vem que nascendo todos livres, a liberdade é contra quem os homens têm conspirado mais. As clausuras que foram santamente instituídas e praticadas – prudentemente depois – não sei se vieram a degenerar em um modo de tirar-se a liberdade aos homens, e às mulheres, e nestas veio a cair o rigor do excesso: não falo das que por desengano e conhecimento próprio, buscam aquele estado de virtude, mas sim daquelas a quem se fez tomar aquele estado, ou por castigo do que fizeram, ou por castigo do que poderiam fazer; e, com efeito, o poderem algum tempo delinquir, já lhe serve de delito; nelas o mal futuro e incerto, já se supõe presente; o poder algum dia suceder vale o mesmo que o sucesso; a disposição para ser é o mesmo que ter sido; a possibilidade é o mesmo que realidade; e desta sorte, aquele castigo chega primeiro que o pecado, e aquela pena vem primeiro do que a culpa; o suplício antecede o crime. Cruel cautela, vingança premeditada! A vaidade e ciúme dos homens parecem que acusam as mulheres, ainda antes de nascerem; as mesmas partes são juízes; por isso logo vão prevenindo os cárceres para donde destinam aquelas infelizes, e para donde as conduzem, antes que elas se conheçam, e poucos anos depois que nascem: assim devia ser, porque sempre foi propriedade da vítima o ser inocente, ali se vão acostumando aos ferros, à maneira de uma fera presa, que já não sente o peso da cadeia, antes com ela joga e se diverte, à proporção que a arrasta, e move. Prendem-se as feras, e também se prendem as mulheres; aquelas por causa da braveza, estas por causa da mansidão; aquelas porque se enfurecem, estas porque se enternecem; aquelas porque assustam, estas porque agradam; umas porque é necessário fugir delas, outras porque é necessário que elas fujam, e finalmente umas porque matam, e outras porque dão vida. A prisão, com pouca diferença é a mesma, os motivos são contrários. Do fundo de um deserto inculto se vão desentranhar as feras; prendem-se para que não façam mal; este é o pretexto, porém a verdade é que se prendem as feras, para que sirvam de recreio, e também de lisonja à vaidade em ver sujeito por indústria, e arte, aquilo que se não sujeita por força nem vontade. As mulheres que foram encaminhadas para os claustros é para que sigam neles o exercício das virtudes; este é o pretexto, porém a verdade comumente é para que as mulheres não se inclinem, nem amem desigualmente. O interesse é da vaidade; por isso as mulheres, que se oferecem a Deus por aquele modo, não se oferecem mais do que à vaidade. São como oblações de engano que sendo a aparência uma, o objeto é outro; e são como o incenso, que se faz arder em uma parte, para que o ar divirta o fumo para outra. Imaginam os homens que hão de enganar a Deus, e para isso, entram primeiro a enganar-se a si, começam a querer persuadir-se que obram bem, e se a consciência os contradiz, e inquieta, para sufocá-la não faltam opiniões, doutrinas e conselhos; tudo em ordem a que proposto o caso revestido de certas circunstâncias, fiquem parecendo lícitas a impiedade, a transgressão e a violência. A regra de que um mal é permitido para evitar-se outro maior, têm os homens estendido e sutilizado tanto, que de ilação em ilação, vêm a chegar ao ponto que não há mal, por maior que seja, que não seja tolerável; e a da mesma sorte, de consequência em consequência vêm a concluir que não há iniquidade que não seja às vezes necessária, nem injustiça que não seja justa. Prendam-se, pois, as mulheres para que se evite o mal de que elas amem; sejam conduzidas por força para os claustros, para que não suceda que as amemos nós; saiam do berço para aquelas sepulturas, porque pode haver perigo na demora; e assim conheçam a morte, antes de conhecerem a vida; e saibam como é a prisão, antes de saberem como é a liberdade.

O nosso engenho todo se esforça em pôr as coisas em uma perspectiva tal, que, vistas de um certo modo, fiquem parecendo o que nós queremos que elas sejam, e não o que elas são. O discurso é como um instrumento lisonjeiro, por meio do qual vemos as coisas, grandes ou pequenas, falsas ou verdadeiras. O nosso pensamento não se acomoda às coisas, acomoda-se ao nosso gosto. O amor, a vaidade e o interesse são os moldes em que as coisas se formam e configuram para se apresentarem a nós; e, com efeito, nenhuma coisa se nos mostra como é, contra nossa vontade. Nunca estamos tão indiferentes como nos parece; as paixões não consentem neutralidade, aquilo que entendemos, que nos não importa, costuma levar consigo um interesse oculto, por onde nos importa mais. O amor e a vaidade às vezes se concentram e disfarçam tanto que nós mesmos, dentro de nós, não os podemos descobrir, apenas se fazem visíveis pelas obras; semelhantes ao fogo escondido na pederneira, que se não deixa ver se não é incitado pelo impulso de fuzil: daqui vem que tudo o que fazemos é sem perceber o princípio porque fazemos; por isso o que se faz por amor, ou vaidade, parece-nos que é feito por zelo ou por virtude. Qual é o hipócrita, que conhece a sua hipocrisia? Qual é o vanglorioso que conhece a sua vaidade? Qual é o amante, que conhece o seu delírio? Que fácil coisa é o distinguir tudo nos outros, e que dificultoso o distinguir alguma coisa em si! Qual é o pai a quem o filho parece enorme? Não só há geração de filhos; também há geração de ações: as nossas maldades não nos parecem mal, porque são nossas, nós somos os que as produzimos; a natureza não só é mãe do que faz perfeito, mas também do que faz defeituoso; é piedosa ainda com um monstro, não por ser monstro, mas porque ela o fez. A terra não só cria a rosa, mas também os seus espinhos; não se empenha em produzir o bom, mas em produzir: a perfeição de alguma sorte não se compreende na ordem da maternidade, mas é coisa como adventícia, estrangeira, acidental. Nas ações dos homens também deve de haver alguma espécie de fecundidade; esta fica satisfeita só com as ações, contenta-se com ser progenitora; a qualidade do que produz fica sendo como matéria separada; por isso a nossa inclinação toda se dirige à obra; a qualidade da obra, é eleição do amor, do interesse e da vaidade. Origem depravada, péssimos consultores! Que pode obrar o amor, senão desvarios? Que se pode esperar do interesse, senão injustiças; e a vaidade que pode fazer senão tiranias? Estas são as que guiam para os claustros tantas formosuras desgraçadas: não são desgraçadas por irem para os claustros, mas pelo modo com que vão. Que maior desgraça do que deixar o mundo por força, e ficar nele por gosto? Como há de chegar à terra da promissão quem leva o Egito na memória? Quantas estátuas de sal se haviam de ver, se as mulheres se convertessem nelas por olharem para o século que deixam! As galas com que vão ornadas são o encanto que lhes vai suspendendo e enganando a dor; semelhantes ao cordeiro manso, que primeiro o cobrem de flores para o irem entregar às chamas: ornatos alegres e luzidos, mas funerais! Quais são as mulheres que não choram ao proferir das palavras fatais por que se obrigam até a morte? Esta sentença irrevogável elas mesmas são as que, cantando em altas vozes, a publicam: mas que pouco pode encobrir o fingimento do canto, a verdade da lamentação! Que doçura pode haver em uma voz agonizante? A consonância sempre se vem a terminar em pranto; aquilo não são vozes, são ecos do coração; o eco é o fim da voz que acaba; por isso todo o eco é triste, porque é fim; e, com efeito, o que se vê naquela hora é o fim de uma mulher que acaba: o mesmo véu que a cobre é luto; tudo nelas são sinais de aflição e de tormento; por isso leva os olhos abatidos, errantes e confusos; os passos mal seguros, o aspecto vacilante e tímido, e assim mais parece que caminha para o túmulo, para o tálamo; as lágrimas, fiéis intérpretes da alma, são as primeiras que reclamam tudo quanto ali se diz e se promete; elas negam o que as palavras afirmam: a quem havemos de crer mais? Pelas lágrimas se explica a alma, pelas palavras muitas vezes se explica o engano: quem chora certamente sente; quem fala só se exprime: por força podemos dizer o que não queremos nem sentimos, mas não se pode sentir nem querer por força aquilo que na verdade nem se sente nem se quer: a língua sabe mentir; os olhos não; por isso os votos que se fazem com violência, sempre se fazem com lágrimas, e também por isso raras vezes se cumpre; porque o coração e a vontade não prometeram nada: aquilo que só exteriormente se promete, só exteriormente se guarda; as palavras sem tenção não formam sacramento; o que se faz por temor, não obriga: um sacrifício involuntário, é sacrifício de sangue, e Deus não se agrada já dos holocaustos.

Mas que grande diferença vai de uma mulher que professou por força a uma que professa vontade! Esta deixou verdadeiramente o mundo; outra apenas mudou nele de lugar; ambas entraram no templo, porém uma só entrou para profaná-lo; uma foi chamada por Deus, a outra foi mandada pelos homens; uma foi para achar um esposo divino, a outra foi porque não achou um esposo humano; ambas foram para a religião, porém só uma ficou sendo religiosa; ambas professaram, porém coisas contrárias; porque o que uma professou não quis professar a outra; ambas disseram o mesmo, porém uma só disse de boca o que a outra também disse do coração; uma fez o sacrifício, a outra só fez a cerimônia; uma fez o que a outra representou; uma fez o que mostrava que fazia, a outra só fez a forma, ou a figura; ambas se obrigaram aos três votos, porém uma foi com tenção de os observar, e a outra foi sem tenção nenhuma de cumpri-los; e isto é porque uma deixou os seus pensamento fora, e a outra nem os deixou nem os levou. Ambas iam para jurar guerra ao amor e à vaidade, porém uma ainda queria paz com a vaidade e com o amor; esta ainda tinha os ídolos inteiros, e a outra, ou os não tinha, ou os tinha já quebrados; finalmente ambas estavam no caminho da virtude, mas nem por isso eram ambas virtuosas; por um mesmo caminho iam a partes diferentes: o mesmo vento serve para muitos rumos; a mesma estrela serve de guia para os que navegam encontrados; às vezes a origem do bem produz o mal; no mesmo lugar em que nasce a vida, se cria a morte; as coisas que são contrárias no fim, às vezes são as mesmas no princípio; de um mesmo tronco nascem ramos opostos; por uma escada sobem uns e descem outros; a religião é a escada por onde se sobe ao céu, mas a ninguém se há de fazer subir por força; porque então há o risco de cair. Muitas mulheres entram nas clausuras, porém umas vão ser pedras de escândalo e outras vão ser imagens de uma alma santa; umas vão perverter e outras vão edificar; estas são as que, estando ainda na terra, já estão vendo os céus abertos: almas ditosas, pois que do instante em que foram buscar a Deus, logo começaram a ser bem-aventuradas! E que bem vieram a saber, que para achar a Deus, basta o buscá-lo: unidas em espírito a um esposo eterno, cujo amor é divino, cujo poder é supremo, e cuja misericórdia é infinita, já parece que vivem transformadas nele. Feliz semelhança de uma transubstanciação prodigiosa! E quem duvida que é celestial uma alma em que Deus vive, e que vive em Deus? Por isso nela pode pouco a humanidade, porque a mesma graça que a anima também a exalta e fortifica: a mortificação não lhe serve de tormento, de alívio sim; o seu martírio é a sua glória. Que meio admirável de converter em gosto as penalidades da vida; e que remédio infalível para que a dor sirva de delícia!

Que se enfureça o mar, que o universo trema e que as nuvens chovam raios, nada atemoriza a consciência justa. A virtude leva consigo tranquilidade; esta é semelhante a um dia sereno claro, em que todo o horizonte se cobre insensivelmente de uma luz brilhante e igual; e em que toda a natureza se alegra e enche de vigor e alento. Então se vê que os campos variamente matizados, mostram a verdura mais viçosa, e que de mil produções diversas formam um labirinto fácil, vivo e agradável; então o ar puro e imóvel faz que as fontes corram, e não murmurem; que as aves cantem com mais suavidade e mais ternura; e que as flores cresçam livremente: assim devia ser, porque, em um belo dia, não há vento que encrespe as águas, que perturbe as aves e que desfolhe as flores. Só então é que os montes são anfiteatros, que servem de decoração aos vales; e estes pelo seu silêncio são os que despertam na memória uma contemplação ativa, cheia de fervor e saudade; finalmente em uma alma virtuosa tudo é descanso e paz. Neste estado vive aquela que foi ser religiosa verdadeira; a outra que só o foi no modo da cerimônia, vive aflita, arrependida e embaraçada; tudo parece que lhe foge; nada alcança, sempre traz oprimida a vontade, o desejo ansioso, a esperança cansada, os passos irresolutos e o pensamento ocupado em ambições, amores e vaidades. Não pode haver maior desassossego porque a ambição, por mais que consiga, nunca se contenta, e a inveja que a acompanha, só lhe faz notar com aversão os bens dos outros; a vaidade em presunções e altivezes, se consome; a arrogância que lhe assiste, para sua confusão, faz acordar nas gentes a notícia de uma origem miserável, e por consequência de um injusto e mal fundado orgulho: o amor todo se compõe de ânsias e suspiros; um amante, só enquanto chora, é firme; ama enquanto tem de que se queixe; o que faz acabar o amor é a ventura: rigorosa felicidade, pois que para existir, é necessário que não chegue, e para durar, é necessário que a não haja. Sempre o amor dependeu de contradições e de implicâncias: e assim se vê que a vaidade, o amor, e ambição são os vergudos de uma alma pecadora; por isso vive em sobressaltos, e vive cuidadosa sem saber de que, e inquieta sem saber porquê. O encanto da culpa, por mais que lhe tire a lembrança dos motivos, não lhe pode tirar a angústia deles; a cada passo lhe parece que a terra se subverte, ou que se abre o abismo; o ruído de uma folha que cai a suspende; em cada voz cuida que ouve a fatal sentença, que sendo dada condicionalmente no princípio do mundo, só se publica no fim dele. O sábio que comparou o ciúme ao inferno, talvez que melhor fizera se ao inferno comparasse a fealdade do pecado, e, com efeito, se há coisa que parece ao inferno, certamente é o pecado, e a este só o inferno pode ser de algum modo comparável: assim devia ser, porque uma coisa foi feita para a outra. Entre tudo o que causa espanto só o horror de uma noite escura é semelhante à culpa; e na verdade que maior horror do que ver a terra coberta de sombras, e combatida de uma tormenta furiosa? As pedras parecem que se quebram, as torres que se precipitam, os edifícios que se abatem, e as árvores que se arrancam: a força da tempestade, tudo o que encontra desfaz e despedaça tudo o que resiste; o que é sólido e seguro está mais exposto e arriscado; na fortaleza consiste o maior perigo: já não é um, mas muitos ventos que entre si pelejam; as gentes, umas assombradas, buscam nas planícies um amparo menos duvidoso; as mesmas feras deixam as cavernas; a todos parece que é menor o mal, entregando-se a ele sem abrigo e sem defesa; outras com súplicas, e com votos, e protestos, recorrem ao favor da Onipotência, e procuram achar nos templos um asilo sagrado; a luz dos relâmpagos, repentina e pálida, a cada instante se mostra, e os olhos tímidos e assustados também a cada instante se fecham; alguma vez havia de fazer pavor a luz: segue-se depois um dilúvio de água; abrem-se as cataratas do céu; os elementos se unem, como para destruir a habitação, e habitadores da terra; mil inundações conduzem para o mar os finais lastimosos das ruínas; alguma vez havia de ser o mar quem recebesse em si os restos do naufrágio. Esta pintura que a imaginação debuxa, e que a experiência mostra, é o retrato de uma alma em culpa; esta debaixo de um semblante alegre encobre sustos, temores e agonias; o pecado tem horas em que dentro de nós mesmos nos acusa, e essas são as horas por onde começa a pena do pecado; o conhecer o crime é por onde começa o castigo dele: e quem há que não conheça a sua culpa? Esta o que a faz criminosa, é o conhecê-la; a inocência não é mais do que uma falta de saber; a ignorância faz os brutos impecáveis. Todas as mulheres sabem que o buscar a clausura por vontade é o meio de evitar o vício; mas que importa? Nem por isso vão por aquele caminho, se as não levam; não basta que antes o queremos seguir por entre espinhos. Que oculta simpatia terá conosco o mal, que antes o queremos seguir por entre espinhos, do que ao bem por entre rosas? O caminho, que conduz para as felicidades do céu, por mais que seja largo e alegre, parece-nos estreito e triste; e aquele que conduz para as felicidades da terra, por mais que seja triste e estreito, parece-nos alegre e largo; mas que há de ser, se somos terra. Compramos o vício à custa de trabalhos e aflições; a virtude não a queremos de graça; ao vício estimamos, porque depende de objetos exteriores, e estes muitas vezes custosos, incertos e arriscados; desprezamos a virtude, porque só depende de nós; bons podemos ser sempre, porque basta que o queiramos ser; para sermos maus necessitamos de ocasião. Quantos danos traz consigo a felicidade! Os três votos, que se julgam tão pesados quando se professam, são os mesmos com que todos vêm ao mundo; todos nascem pobres, castos e obedientes: a pobreza e a obediência quem as conserva é por força; e castidade só por vontade se pode conservar; e, com efeito, quem há de segurar um voto que se quebra só com o desejo? A castidade do corpo dificultosamente se guarda, a da alma, ainda com mais dificuldade, não sei em qual das duas consiste a castidade verdadeira; se consiste na do corpo, essa é material, e está sujeita a mil enfermidades, e acidentes, e talvez pode perder-se sem consentimento de quem a perde, seria injusto que uma qualidade tão bela, e em que se funda a virtude mais superior, ficasse dependente da força do tempo, da opinião e também de algum sucesso involuntário; é pois na alma o donde consiste a castidade mais perfeita e verdadeira: mas sendo assim, donde se há de achar a castidade? Pois, para corromper-se, basta um instante de vontade, de inclinação, de pensamento, de amor.

Na república das letras não há menos vaidade que na república das armas; sim é uma vaidade metafísica, espiritual, e que na sua origem tem uma existência vaga e inconstante; mas por isso mesmo é mais vã do que outra nenhuma vaidade. O seu objeto são os discursos, e a disputa, os objetos sem corpo, vãos por natureza e por instituto. O campo desta vaidade é a imaginação: campo vasto ainda quando é infecundo; e que brota lírios e violetas, quando não produz rosas e açucenas. Assim que entramos no mundo, entramos também a defender a nossa opinião; neste combate se passa inteiramente a vida: a guerra do entendimento não tem fim senão conosco; guerra feliz em que ninguém fica vencido, ou ao menos que ninguém crê que o foi, e em que cada um pela sua parte canta a vitória! A razão nos arma contra a razão mesma; cada um cuida que a tem por si, que a vê, que a toca e que a conhece; sendo que quase sempre, o que temos por razão, não é mais do que uma sombra dela, e ainda essa mesma sombra é tão escura e escondida que, quando a encontramos, é mais por sorte que por experiência, e mais por acaso que por estudo. O ter ou não ter razão é verdadeiramente a guerra em que se passam os nossos dias e os nossos anos. O não ter razão argui vício na vontade, ou erro no entendimento: defeitos estes para que a vaidade os reconheça?

Contra o nosso parecer, nunca achamos dúvida bastante, contra o dos outros, sim. A vaidade é engenhosa em glorificar tudo o que vem de nós e em reprovar tudo o que vem dos outros: nas produções do engenho há uma espécie de criação; daqui procede que ninguém se desdiz sem repugnância, porque a natureza é inflexível no intento de conservar aquilo que produz, e a vaidade nunca renuncia ao lustre da invenção; queremos produzir muito e meditar pouco, por isso erramos; mas depois que o erro se naturaliza em nós, já o não vemos senão com a figura de razão.

É mais fácil sustentar uma opinião má do que escolher uma boa; porque o erro é como um edifício cuja fábrica exterior é composta de uma infinidade de ângulos; com algum destes encontra o discurso facilmente, porque são muitos, em lugar que o acerto é como um ponto fixo no meio de uma esfera; o discurso que anda vagando à roda não vê o ponto, porque este é só um; do mesmo corpo nasce a sombra que o encobre: são inumeráveis as linhas que se podem lançar de uma circunferência para um centro comum; alguma linha há de ver-se, porque são muitas, e o centro não, porque é único: a superfície do globo impede o poder ver-se a sua concavidade; ou se há de ver uma coisa, ou outra; ambas ao mesmo tempo não pode ser.

Sobre o mesmo caso há muitas opiniões más, e só uma é boa; por isso esta acha-se com trabalho, e a outra com facilidade. Há mil caminhos que vão ter a uma má opinião, e só um conduz para a que é boa. A retidão de uma linha só se faz por uma forma, por isso é dificultosa; a obliquidade faz-se por muitos modos, por isso é fácil. Cada coisa que vemos é por entre uma infinidade de outras coisas; a opinião também se mostra por entre uma infinidade de outras opiniões; e da mesma sorte a razão que se oferece é por entre uma infinidade de outras razões; neste labirinto nos perdemos. Cada coisa tem tantas partes por onde se considere, que de qualquer modo que a imaginemos, sempre achamos argumentos que ou nos persuadem o erro, ou nos confirmam o acerto: daqui vem que há opiniões para tudo, assim como para tudo há exemplos. Àquilo que nos parece que é sem dúvida, é donde às vezes a há maior. As águas do oceano, por mais que sejam cristalinas, nem por isso deixam ver o fundo que as sustenta; que importa que sejam claras, se são profundas? Recebemos as ideias, que o entendimento nos propõe, ou certas ou duvidosas; e assim as conservamos: o emendá-las é difícil, porque a emenda depende do mesmo entendimento, que erra. A vaidade faz a obstinação, porque é como um juiz inexorável, que nunca muda, nem reforma; se é que o amor da produção não concorre ainda mais.

A vaidade de adquirir nome é inseparável de todos os que seguem a ocupação das letras; e quanto maior é a vaidade de cada um, tanto maior a sua aplicação: não estudam para saberem, mas para que se saiba que eles sabem; buscam a ciência para a mostrarem; o seu objeto principal é a ostentação, e assim não é a ciência que buscam, mas a reputação; esta é como as outras, em que o adquirir é mais fácil que o conservar; e verdadeiramente o conseguir-se um nome pode ser obra de um dia, ou de uma hora; o conservá-lo é empresa de toda a vida. Do acaso de um sucesso pode resultar um nome grande, mas de um acaso, não pode resultar a conservação dele. Bem se pode ser feliz por acaso; mas não se pode por acaso ser sempre feliz. A fortuna não só governa as armas, mas também as letras; porque a memória, se uma vez se permite com abundância, nega-se mil. Em qualquer estado se tem a reputação por felicidade; porém esta é difícil de conservar-se à proporção que é grande. Algumas vezes pode depender de nós o buscar uma ocasião favorável, de que venha a proceder um grande nome; porém não está na nossa mão o fazê-lo durar. Um merecimento, ou um saber pequeno, pode fazer adquirir uma grande fama, e o maior merecimento junto ao maior saber, pode fazer adquirir uma grande fama, mas o maior merecimento junto ao maior saber não bastam para a conservar. Por mais bem fundada que seja uma grande reputação, nem por isso é possível o ter segura a opinião das gentes. Os homens cansam-se de admirar; passados os primeiros movimentos em que as coisas raras atraem, como por força, o nosso louvor e aprovação; depois, a vaidade de quem admira é a primeira que se desgosta; irrita-se contra tudo o que é superior. Uma qualidade eminente que vemos nos outros fica-nos sendo como uma qualidade adversária e oposta. A vaidade, ou a inveja que ela produz, não só se dirige contra a opulência alheia, mas também contra a alheia sabedoria; a ciência não tem maior inimigo que a ignorância: tudo o que está em lugar alto molesta-nos a vista e a atenção; só o que está no lugar em que nós estamos não nos ofende. A igualdade e uniformidade é natural em tudo; por isso os que se afastam desta lei universal ficam sendo odiosos aos que se conservam nela. Há muitos meios para subir; a vaidade é a que guia a todos; e, com efeito, sem vaidade ninguém sobe nem procura subir; estes sim ficam confundidos em uma vulgaridade escura, mas ninguém lhes examina se os passos com que sobem são justos ou injustos; as asas da vaidade também se derretem. Quem não tem vaidade não desperta a dos outros contra si.

Os que creem que sabem mais que os outros, ou se enganam, ou se persuadem bem: se se enganam, o mesmo engano lhes serve de ludíbrio; se se persuadem bem, a vaidade da ciência os faz tão ferozes e severos, que ficam sendo insuportáveis. A ciência humana comumente se reveste de um ar intratável; imagem tosca, desagradável e impolida. A especulação traz consigo um semblante distraído e desprezador; quanto melhor é uma ignorância civil. Toda a ciência se corrompe no homem; porque este é como um vaso de iniquidade, que tudo o que passa por ele, fica inficionado: as coisas trabalham por se acomodarem ao lugar donde estão e por tomarem dele as propriedades, só com a diferença de que as coisas boas fazem-se más, porém estas não se fazem boas. Nas sociedades, o mal é mais comunicável; a perdição é mais natural; o que é bom mais depressa tende a perder-se que a melhorar-se; os frutos da terra, quando chegam ao estado de madureza, nem persistem nele nem retrocedem para o estado de verdura; antes caminham até que totalmente se arruínem;

por isso o último grau de perfeição costuma ser o primeiro na ordem da corrupção. Naquilo em que a providência não predefiniu um ser permanente e inalterável, a natureza não cessa de mover-se enquanto não desfaz, enquanto não corrompe, e enquanto não acaba. A ciência acha no homem propensão para a vingança, para a ira, para a ambição, e para a vaidade; nenhuma destas inclinações lhe tira, antes as conforta; porque a ciência não vem fazer um homem novo; assim como o acha, assim mesmo o deixa. As notícias que alguns foram alcançando pela sucessão dos tempos, e que para as fazerem respeitáveis, e as conservarem em uma majestade primitiva, as foram caracterizando com nomes pomposos e pouco inteligíveis, uns latinos, outros gregos, outros arábicos; como filosofia, geometria, álgebra, essas tais notícias a que chamam ciências, não se adquirem brevemente, nem é trabalho de um dia, mas de muitos anos e de toda a vida; e desta sorte antes que qualquer ciência se introduza em nós tem tempo para se adjetivar, se familiarizar conosco e para se consubstanciar com todos os nossos vícios, e com todas as nossas inclinações; e nessa forma quando as ciências chegam não é para nos emendar, porque já vêm tarde; e se então nos emendamos, essa emenda não é efeito da ciência, mas da nossa debilidade. Os homens mais facilmente se mudam do que se emendam; quem muda é o tempo, a ciência não. Comumente o que faz deixar os vícios é a impossibilidade de conservá-los; e ainda então o que perdemos é o uso deles, e não a vontade; largamos o exercício e não o afeto; desistimos da ocupação e não da inclinação; e finalmente nós não fomos os que deixamos os vícios, eles são os que nos deixam; nós os seguimos de longe, e por mais que os sigamos cansados, nunca os perdemos de vista; quando não podemos ir, os objetos nos arrebatam: a memória dos nossos vícios passados, nos está servindo de vício presente; e quem sabe quais são os que obram com mais vigor e mais ativamente? A imaginação não é coisa tão sem corpo como nos parece; talvez que não tenha de menos que o ser mais sutil, e desta qualidade o que pode resultar é o ser mais durável.

Não sei se houve já quem reparasse que o gosto dos sucessos são menos atrativos na realidade do que são depois lembrados; a complacência não é tão forte quando a primeira vez se mostra na verdade, como quando se repete na lembrança e se representa sempre; o susto do perigo não é tão grande no instante que sucede, como é depois que se recorda, e isto é porque o corpo é suscetível de um pasmo tal, fica como absorto, imóvel e insensível; só a imaginação não se entorpece facilmente, por isso recebe as impressões do gosto e do pesar em toda a sua força e em toda a sua extensão; o pensamento é o lugar em que a natureza se concentra e fortifica; daqui vem que tudo quanto se sente, ou se vê com o pensamento, fica sendo mais visível, e mais sensível. Não é, pois, a ciência a que nos ensina, o tempo, sim; a ciência é como um cristal claro, que posto sobre uma má pintura, sim lhe dá lustro, mas não a faz melhor, nem de mais valor; a luz que é símbolo da perfeição, não faz mais perfeito nada do que alumia: cada coisa guarda o seu defeito original; e assim devia ser, porque a natureza de cada coisa também se compõe do seu defeito, e este quem lho tira desmancha a mesma coisa, porque a desune e a separa: em qualquer composto não só é parte principal o que há nele de excelente, mas também aquilo que tem de inferior; o dividi-lo ou emendá-lo seria o mesmo que perdê-lo: em um medicamento também entra o simples amargoso, e este se se tira fica o remédio sem virtude. Tudo é singular na sua espécie: o verdadeiro ser das coisas não depende da aprovação do nosso gosto; de parecer mal, não se segue que o seja; as coisas menos estimáveis, e ainda as mais aborrecidas, tiveram famosos apologistas; nós regulamos tudo pela nossa sensibilidade, e nesta é que costuma haver o engano; isto vem a ser o mesmo que pesar por um peso falso; medir por uma medida errada; e calcular por um compasso incerto: a infidelidade está no instrumento que pesa e que mede; tudo o que julgamos é segundo a nossa razão e segundo a nossa ciência; miserável instrumento, mil vezes falso, e enganoso! A ignorância tem produzido menos erros que a ciência; esta o que tem de mais é que sabe introduzir, espalhar e autorizar; e segundo a nossa vaidade o errar importa pouco; o ponto é sustentar o erro; e nesta forma o que a ciência nos traz, é sabermos errar com método.

E, com efeito, em que se acordam os sábios? Qual é a doutrina em que todos concordam, qual é o sistema em que todos convêm, ou qual é o princípio em que todos se fundam? Só a vaidade é certa em todos. Não há furor a que um homem se não entregue só pela vaidade de ser cabeça de um dogma, ou de uma opinião. Vejamos qual tem sido o destino da filosofia que se diz ser a primeira das ciências. Os discípulos de Aristóteles dividiram-se em duas seitas ou em duas parcialidades; uma foi a que chamaram nominais, e outra a dos realistas; os nominais diziam que as naturezas universais não eram outra coisa mais do que nomes; os realistas, seguindo opinião contraria, afirmavam que aquelas naturezas eram verdadeiramente coisas que existiam na realidade. Occão, frade inglês, e discípulo de Scoto[5], foi o cabeça dos nominais, e João Duns o era dos realistas: estes seguiam a Aristóteles[6] mais literalmente; os outros não admitiam nenhuma entidade supérflua, tendo sempre por infalível o axioma do filósofo, quando diz que a natureza nada faz em vão. Estas duas seitas fizeram em Alemanha um tal progresso que uma matéria inútil, indiferente, e puramente de opinião, veio a parar em fazer-se dela um ponto de honra; a vaidade de discorrer melhor animava com tal excesso a todos, que os argumentos só se decidiam pelas armas; os combates particulares vieram finalmente a reduzir-se a uma guerra viva. Introduziu-se aquele mesmo fanatismo em França, e chegou a tanto extremo, que Luiz XII[7] determinou, para o evitar, que em todas as livrarias se fechassem com cadeias os livros dos nominais, para que ninguém os pudesse abrir nem ler. Daquela forma veio a ficar a doutrina de Aristóteles tão desfigurada pelas sutilezas com que cada um queria sustentar a vaidade da sua opinião, que essa foi a causa principal de desprezar-se a filosofia e ficar parecendo odiosa a todos. Os livros de Aristóteles foram levados à França no século XIII pelos franceses que tinham ido a Constantinopla; Amauri[8], que entrou a sustentar os seus erros pelos princípios daquele filósofo, foi condenado como herege por um Concílio de Paris celebrado no ano de 1209. Este concílio proibiu totalmente a leitura

5. João Duns Escoto: teólogo e filósofo escocês que viveu no final do século XIII. Ingressou na família dos Frades Menores atraído pelo carisma de São Francisco de Assis e foi ordenado sacerdote em 1291. (N.E.)

6. Filósofo grego que viveu no século IV a.C. (N.E.)

7. Rei da França de 1498 até 1515. (N.E.)

8. Filósofo francês que viveu no século XII. (N.E.)

de Aristóteles e condenou os seus livros ao fogo: a mesma proibição se tornou a renovar por um legado somente a respeito da física e metafísica. Gregório IX[9] diminuiu a proibição do Concílio de Paris por uma bula expedida em 1231, proibindo a leitura das obras de Aristóteles, somente enquanto se não extirpavam os erros que resultavam, ou podiam resultar, da sua doutrina. Em 1366 os cardeais João de S. Marcos e Gil de S. Martinho, delegados por Urbano V[10] para reformarem a Universidade de Paris, concederam que se pudessem ler várias obras de Aristóteles, excetuando a sua física. O cardeal de Estoureville, em 1452, fazendo vários regimentos para a mesma Universidade por mandado de Carlos VII[11] ordenou que os estudantes e bacharéis fossem examinados pela Metafísica e Moral de Aristóteles. Em 1601, concedeu à Universidade de Paris o uso e lição das obras daquele filósofo e juntamente da sua Física; e à imitação da universidade começaram todos os estudos públicos a seguirem a filosofia peripatética; e esta foi combatida em 1624, por conclusões; porém a Faculdade de Teologia de Paris e o Parlamento tomaram a sua defesa: a Sorbona fez um decreto, pelo qual censurou aquelas conclusões, e o Parlamento por um acórdão ordenou três coisas: a primeira, que aquelas conclusões fossem laceradas; a segunda, que todos os que as tivessem defendido, fossem riscados dos livros das matrículas; a terceira, que todos os que ensinassem algumas máximas que fossem contrárias aos autores antigos, e aprovados, incorressem em pena de morte. Em 1629 declarou o Parlamento que se não podiam impugnar os princípios da filosofia de Aristóteles, sem se impugnarem também os da teologia escolástica recebida na Igreja: porém não obstante todas estas proibições e declarações, entrou Gassendo[12] a escrever contra aqueles princípios; e Cartésio[13] fez-se cabeça de um novo sistema, ou nova seita. Depois deste, começou a filosofia de Aristóteles a perder muito do seu primeiro lustre: hoje as filosofias todas se compõem de matemáticas;

9. Papa da Igreja Católica entre os anos 1227 e 1241. (N.E.)

10. Papa da Igreja Católica entre os anos 1362 e 1370. (N.E.)

11. Rei da França de 1422 a 1461. (N.E.)

12. Pierre Gassendi: filósofo, cientista e matemático francês. (N.E.)

13. René Descartes: filósofo e matemático francês. (N.E.)

de sorte que já não há silogismo que conclua, se não é fundado em alguma demonstração geométrica; na física não se está pelo que se diz, senão pelo que se vê; pouco importa que se afirme que este, ou aquele meteoro procede desta, ou daquela causa, se isso se não mostra por meio de alguma experiência ou instrumento. A formação das nuvens, do vento, da chuva, dois raios, e terremotos, e de outros muitos efeitos naturais, a química não só ensina como se produzem, mas também os imita; e isto sem ser necessário saber se o silogismo está em *Barbara,* ou em *Celarent.* Um alambique, uma eolípila, uma máquina pneumática e a mistura de vários corpos explicam mais em uma hora do que um professor de filosofia em muito tempo; o entendimento percebe melhor sendo ajudado pelos olhos do que só por si. Nas mais ciências também têm havido fortunas e desgraças; todas encontraram um tempo feliz e outro infausto: a vaidade dos primeiros mestres, continuada em seus sucessores como herança, foi a fonte em que nasceram as ciências; destas a monarquia principal é a Europa; na maior parte do mundo, o desprezo das ciências passou à religião; assim devia ser, porque a vaidade que resulta das ciências, é vaidade de homens livres, e estes só os há na Europa: o despotismo reduziu as outras partes à escravidão. Que vaidade pode haver em um escravo? Este, ou seja valoroso ou sábio, nada disso é seu: o valor e a sabedoria também entram na escravidão; a vaidade que o escravo pode ter também pertence ao senhor: o edifício, a carroça triunfal, o alfanje, a pêndula são instrumentos incapazes de vaidade em si; da bondade deles só o senhor se desvanece: assim são os escravos; se há autômatos no mundo, são eles.

A vaidade das letras é maior do que a vaidade das armas; estas sim têm ocasiões de maior pompa, de maior grandeza e de maior admiração; mas tudo nas armas é semelhante ao raio, cuja luz e estrépito se extingue em um instante. Os heróis nunca chegam a durar um século; as suas ações não duram mais se a fortuna lhes não dá na república das letras alguma pena ilustre que conserve a vida daquelas mesmas ações, já sucedidas, já passadas e já mortas. A vaidade das ciências, por ser uma vaidade pacífica na aparência, não deixa de ser altiva e arrogante. As águas que vão fazendo escumas e que correm com ruído não são as que assustam mais; aquelas que parecem escuras, que passam em silêncio e que apenas se movem, essas são donde o perigo é certo: nas praias é donde o mar se levanta mais e faz estrondo; donde é pego verdadeiro, em que as ondas como em campo largo em si mesmas se abrem, se suspendem e revolvem, não tem o mar bramidos nem furor, mas é lá donde o risco é grande. O dano não costuma estar tanto donde se mostra, como donde se esconde: assim são as letras e assim são as armas, estas fazem o rumor, aquelas o estrago; as armas fazem o mal, mas acabam com ele, as letras o mal que fazem dura; as armas causam; as letras, não; a espada nem sempre pode usar de força e de traição; a pena sempre pode ser traidora e aleivosa; é arma que não pode acautelar-se; quanto mais leve e mais sutil, mais perigosa: aqui vem a serem as letras de algum modo inexpugnáveis, e, por consequência, vaidosas, porque o ser invencível precisamente influi vaidade; os combates das ciências entre si são combates invisíveis, em que ninguém se rende; e o render-se valeria o mesmo que uma confissão expressa de ignorância; e com efeito, de quem cede nunca se presume haver cedido porque conheceu a razão alheia, mas por falta de saber sustentar a sua; a fraqueza não se atribui à proposição, mas a quem a defende; de sorte que a ciência não consiste em saber conhecer, mas em saber responder e arguir; por isso quem mais disse é quem mais soube: as letras não se costumam tomar pelo peso, mas pelo volume; fazem-se recomendáveis pela extensão; o ponto é que cresçam na quantidade; a qualidade é matéria indiferente: elas não avultam pelo que são, mas pelo que soam; regulam-se pelo aparato e não pela sustância; estimam-se pelo que parecem e não pelo que valem; o que importa nelas ter no exterior brilhante falso, cujo resplendor furtado escandalize os olhos de quem o quiser ver de perto; basta que a atenção fique assombrada com o aspecto de uma imagem nova ainda que na verdade não seja mais que um fantasma; a superfície deve estar coberta de uma claridade intensa e forte; o fundo seja embora confusão, cegueira, caos. Só o que é preciso, é todo o mesmo em si, e o mesmo em todas as suas dimensões: o diamante não tem parte em que não seja diamante; a roda que o pule, por mais que lhe multiplique as faces, em todas o acha igualmente duro; não é mais sólido em um lugar que em outro; a porção, que o engaste cobre, não é inferior àquela que se mostra; a luz por toda a parte encontra nele a mesma resistência, por isso retrocede refletida, como em vibrações de várias cores. Não são assim comumente as letras; o que há nelas de agradável é o que fica exposto à vista, e por isso ornado de emblemas, de proporções, de correspondências e figuras; o mais é um labirinto informe, rude e indigesto; o metal brunido aplicado fora, não deixa ver por dentro o pau sem lustro nem valor.

São raros os que nas letras buscam a ciência; o que buscam é utilidade e aplauso; este é objeto da vaidade, aquele da ambição; outros há que quando buscam as ciências, nelas buscam tudo, não só interesse, louvor, e aprovação dos homens, mas também um quase domínio deles; as letras são armas com que querem adquirir sobre os mais homens um direito de conquista: esta ideia ou esperança, parece que nasce com eles, e com eles cresce; ainda estão nos primeiros elementos das primeiras artes, quando logo se propõe aquele intento, para este se encaminham todos os seus passos; das virtudes e dos vícios seguem aqueles que conduzem para aquele fim; e assim não são virtuosos nem viciosos por natureza, mas por ocasião: a natureza não os fez maus nem bons; eles é que se fazem a si, por seguirem o que a ocasião pede. Sempre estão prontos para deixarem a virtude e abraçarem o vício, e também para deixarem este e abraçarem a virtude, contanto que disso dependa a sua elevação. Deslealdade, fé, religião, hipocrisia, tudo para eles vale o mesmo; olham para os vícios e virtudes, como por vários instrumentos de que um artífice perito se sabe servir a tempo, não segundo o que a razão pede, mas segundo o que pede a obra: para que ninguém os siga nem conheça, vão desfazendo ou escondendo os degraus por onde sobem, e só no último se mostram, mas então já têm na mão o raio, já não são imagens de pequena consequência; são constelações formidáveis e funestas; àquela altura nenhum incenso chega; o respeito mais profundo é vulgar; o que exigem, é silêncio e adoração; e ainda esta há de ser de longe, porque o chegar a eles de algum modo é sacrilégio. Os sábios venturosos de tudo fazem asas, até das coisas mais impróprias para voar; por isso qualquer crime neles fica sendo uma ação justa; nos outros uma culpa leve é delito atroz: tudo tem uma multidão de aplicações, e inteligências; estas são as que dão ser a todas as suas coisas; e todas nas suas mãos mudam totalmente de figura; nada lhes parece como parece aos outros; querem reformar o mundo, pouco reformados em si; soberba, ambição, grandeza, são os três poios em que se estabelecem e se fundam; aqueles são os ídolos a quem unicamente sacrificam e de quem eles são, ao mesmo tempo, retratos e originais, ídolos e idólatras; Narcisos das suas ações, e, sobretudo, das suas letras, eles são os primeiros que se admiram e se aplaudem; e tudo com tal arte, que aquela admiração sem fé, por ter neles mesmos um princípio errado e suspeitoso, eles de tal sorte a espalham, que depois de introduzida, vem a servir-lhes de título legítimo; e se há por acaso quem duvide, já é tarde, porque na fama também cabe prescrição; é como uma posse, que fica sendo prova do domínio. O vulgo tudo o que recebe é sem exame, e depois, antes quer permanecer no erro do que entrar a examinar; e, com efeito, é mais fácil ir com os que vão do que parar para os suspender: por isso os que adquirem opinião de sábios ficam graduados por aclamação, mas essa opinião devem à fortuna e não a si, porque as mais das vezes apenas saudaram de longe as letras; assim se verifica que a quem tem fortuna, basta o saber pouco; se é que para fortuna o saber não basta. Tanto é certo que as coisas se implicam e confundem tanto, que nas mesmas razões em que se funda a razão que afirma, também se pode fundar a razão que nega: daqui vem que é motivo de uma grande vaidade o saber retorquir a força do argumento contra quem o faz, à maneira de um guerreiro que desarma outro para o deixar sem defesa, e para o render com as suas próprias armas. Também como o discurso fabricamos armas contra nós, e essas são as mais fortes, porque é como um mal que se forma dentro em nós, e que é maior à proporção que é nosso: o dano exterior admite mais reparo.

Não são as ciências as que costumam pacificar o mundo; desordená-lo, sim. O exercício ou a vaidade das letras toda se compõe de discussões, objeções e dúvidas; a disputa em si é coisa mais principal do que a matéria da questão: alteram-se os ânimos, mas não se persuadem, porque não disputam pela razão, mas pela disputa: e esta, se se acaba, é porque acaba o tempo dado para disputar; o relógio aparta os combatentes; estes separam-se, porém nenhum vai sabendo mais; porque como no argumento não buscam a verdade, por isso esta sempre fica ignorada, oculta, e desconhecida.

O ponto é que fique satisfeita em um a glória de arguir, e em outro a vaidade de responder; e assim não se tratam as coisas, tratam-se as palavras delas: daqui vem, que o ficar vencido na forma é o mesmo que ficar vencido em tudo; porque a substância é como coisa estrangeira, e indiferente. De dois textos contrários a fadiga que resulta é ver se há meio de podê-los unir e conciliar: que a razão esteja em um e não em outro, isso importa menos; a arte está em sutilizar, de sorte que ambos os textos fiquem conservados, e que a nenhum se tire a sua autoridade magistral; tire-se embora a fé à verdade e à justiça; porém não ao texto; este sempre deve servir de regra, por mais que seja regra errada, e não direita; o empenho da vaidade não está em descobrir a verdade, mas em ostentar uma erudição rabínica, e mostrar que na língua hebraica a palavra *alma* nunca significou outra coisa senão virgem. Como a vaidade das ciências traz consigo um desejo imenso de adquirir nome, este parece que se adquire à força de vozes, e estas devendo ser de fora, costumam sair do mesmo sábio pretendido; ele é o que entoa a cântico, e sempre acha na turba quem o siga: na confiança de começar, encontrar-se uma espécie de valor de que a fortuna se namora. A resolução de pegar nos louros e nas palmas, faz parecer que são suas: há muito que as ciências têm o privilégio de poder elas mesmas coroar-se a si; e, com efeito, o saber na realidade mais, ou menos, é segredo que fica escondido; estamos pelo que indicam as insígnias; e nas letras, uma parte do que vemos são edifícios vãos, compostos somente de um soberbo frontispício; e este, por mais que inculque um fundo grande, quem lho busca não o acha; por isso tem fechadas as portas; e se algum entra, é daqueles que sabem o defeito e têm interesse nele; os mais todos são profanos. A sabedoria humana é como a cortina do teatro; nela se veem pintados primorosamente hieroglíficos, medalhas, inscrições e atributos; e nesta variedade de ações e de sujeitos, se suspende a vista; e o coração que admira, todo se deixa penetrar de um respeito, ou medo venerável; mas se algum impaciente e indiscreto força a cortina e entra, o que vê é um lugar escuro, embaraçado, sem ordem, nem asseio; vê atores ainda cobertos de roupas miseráveis; alguns, vestida a gala e empunhado o cetro, (adornos alheios, e supostos) vê chegados a uma luz desanimada, recordando de um papel imundo as palavras de que a memória se encarrega com trabalho; outros de fronte a um espelho sombrio, exercitando a cadência dos passos, das ações, do gesto, e revestindo os semblantes de um aspecto alegre, ou triste, e de um ar de soberania, de valor, e de justiça: vê as atrizes, que não menos cuidadosas, ali mesmo se ajustam, e preparam; e que algumas apesar do tempo, e a milagres do artifício, cuidam que reparam, em brevíssimos instantes, a ruína que fizeram muitos anos, semelhantes às serpentes quando se renovam, mas não tão felizes; todas em um espelho portátil estudam amor, desdém, severidade, contentamentos, lágrimas; tudo aprendem no cristal, mestre mudo e fiel, e que mudamente ensina a propriedade, o ar, a graça; mas que importa, o ar é vão, a graça é enganosa e a propriedade é falsa; o representar é mentir; desde que a cena começa, até que acaba, não se vê mais do que um fingimento de ações e de figuras; quem mais se distingue é quem melhor exprime o que não sente, e quem parece melhor o que não é: a arte não está em imitar, mas em contrafazer: as sombras substituem o lugar das coisas; e a relação da história, fica sendo a história mesma: o mentir por aquele modo é um meio fácil para imprimir facilmente na memória os sucessos passados; é uma tradição, que se comunica agradavelmente, não só pelo que se ouve, mas também pelo que se vê: alguma vez havia de ser útil o engano; e, com efeito, daquela sorte vemos os combates sem perigo; as virtudes vemos com gosto; e se vemos também os vícios; é sem entrar neles, para os aborrecer, pela fealdade com que se mostram, e não para os seguir. Em teatro maior, e em maior cena se passam e representam as vaidades do mundo, e entre elas a vaidade das ciências; o homem não se entende a si, e cuida que entende a fábrica dos céus; ignora a ordem da sua própria composição, e crê que não ignora o de que se compõe a terra; não sabe a economia dos seus mesmos movimentos, e julga que sabe o como se move o Universo; finalmente não se conhecendo a si, presume que tudo o mais conhece. A vaidade do saber parece que arrebata o homem, e que em espírito o faz circular os orbes celestes; lá conta o número dos cristalinos, vê a esfera do fogo e mede a distância, o giro, e grandeza dos planetas; porém assim que torna a si, nada do que tem em si sabe, nem conhece: vê um corpo sabiamente organizado e nele acha vontade, inteligência, ira, aversão, vaidade, desejo, esperança, amor; acha um sangue que se move, e um calor que o anima; tudo distingue com nomes diferentes; paixões, sístole, diástole, espírito vitais, úmido radical; estes são os nomes, a que erradamente chamam das coisas, não sendo senão nomes dos efeitos; o que se conhece, ou sabe, é o efeito das coisas pela distinção dos nomes; mas o conhecer o nome não é conhecer a coisa. Todos sentimos a impressão do ardor, mas ninguém sabe o como essa impressão se faz; e desta sorte o que conhecemos é o efeito do frio; e não o frio; vemos a determinação da vontade, mas não sabemos o como a vontade se determina. Quem é que sabe de donde vem o agrado da harmonia, nem o desagrado da dissonância? Uma voz suave nos encanta, um som áspero e agudo nos molesta; mas quem há de dizer o donde procede no som a suavidade ou a aspereza? Os efeitos mais sensíveis, e mais certos, são os da dor, e também do gosto; mas quem é o que conhece de que se origina o gosto, nem de que se forma a dor? Ainda os efeitos das coisas conhecemos mal, só os sentimos; parece que só temos sensibilidade e não conhecimento; aquilo que conhecemos é porque o sentimos; do nosso sentir resulta o nosso modo de conhecer. Os primeiros princípios, e os primeiros movimentos, reservou-os para si a providência; o homem só ficou exposto a eles para os admirar, e não para os saber. A vaidade das ciências toda se cansa em conjeturas, que faz passar por demonstrações; quando supõe que encontra a parte em que pode desatar o nó, então o aperta mais: os discursos perdem-se na imensidade vaga de uma matéria impenetrável; a natureza sabe iludir todos os nossos estudos e conceitos; não é mais fácil no que mostra do que no que esconde; não é menos reservada no que produz à superfície da terra do que naquilo que forma no seu centro; só ela conhece as suas leis e os seus segredos: vemos nascer a flor, cresce à nossa vista; mas nem por isso sabemos o como a flor nasce nem o como cresce: a dificuldade sempre fica sendo a mesma: o nosso engenho todo se evapora, em belas fantasias, e em razões notáveis; mas estas só servem de enganar, ou de entreter a mocidade que começa, e que ainda não sabe por experiência, que a maior parte das coisas de que o mundo se compõe nem se podem ensinar, nem aprender. A vaidade da sabedoria humana não se funda na certeza da ciência, mas na certeza da cadeira; esta à maneira de uma torre inexpugnável infunde terror; e o discípulo dócil e inocente recebe, como de um oráculo, as decisões do mestre: os que estão debaixo da disciplina, veem o barrete doutoral, como se fosse um resplendor de cuja luz se não duvida, por isso a vaidade do mestre exige respeito e credulidade: esta é a primeira lição; a verdade sempre nos parece que está no lugar mais alto e que brilha mais; e se a buscamos em outra parte, é sem ânsia nem cuidado: o aparato exterior não só nos dispõe, mas também nos persuade; os olhos assombrados não deixam o ânimo livre para resistir; a singularidade da pompa não só autoriza, mas autentica; não só leva a si a nossa atenção, mas também a nossa submissão; não só nos faz obedecer, mas crer.

Os sábios da terra não são os mais próprios para o governo dela. As repúblicas que se fundaram, ou se quiseram governar por sábios, perderam-se, acabaram-se; temos notícias delas pelo que foram, não pelo que são. Roma, essa ilustre capital do mundo, ou ao menos da maior república que o mundo viu; essa universal conquistadora, para cuja glória concorreu a fortuna mais constante, e cujo poder se manifesta ainda, ou já referido nos seus faustos, ou já representado nos vestígios preciosos das ruínas, como em obeliscos, arcos triunfais, colunas, circos, aquedutos, urnas sepulcrais; essa cidade altiva em que o mundo se quis resumir e abreviar; ela mesma conta a decadência do seu esplendor nativo, do tempo em que as ciências chegaram ao maior auge. Júlio César, famoso herói e sábio capitão, foi o que nos campos de Farsália cortou de um golpe inevitável a liberdade à pátria, e se fez ao mesmo tempo senhor dela. Quem dissera a Roma que no seu próprio seio se haviam de forjar os seus primeiros ferros; e que as fachas para a abrasar se haviam de acender dentro dos seus muros! Roma, sempre vencedora e invencível, cessou de o ser assim que achou em um filho ingrato um sábio armado. As maiores crueldades ou foram feitas ou aconselhadas pelos sábios; estes quando persuadem o mal, é com tanta veemência e tão eficazmente, que as gentes na boa-fé buscam e praticam esse mal como por entusiasmo, e sem advertirem nele. A impiedade é uma das coisas que a ciência ensina; não porque esse seja o seu objeto, ou instituto, mas porque quando a impiedade é útil, à força de orná-lo, se lhe tira o horror. A vaidade das ciências não consente que haja coisa de que ela não possa, nem se saiba aproveitar. Os erros comumente são partos da sabedoria humana; o errar propriamente é dos sábios, porque o erro supõe conselho e premeditação; os ignorantes quase que obram por instinto; a ciência sabe legitimar o erro, a ignorância não: por isso nesta não há perigo de que ninguém o aprove; em lugar que naquela há o perigo de que a multidão o siga. O erro na mão de um sábio é como uma lança penetrante, e forte; na mão de um ignorante, é como uma arma quebrada sem uso, nem consequência. As coisas parecem que recebem mais da forma que se lhes dá que da natureza que têm; não se atende à substância do mármore, ao polido sim; a dureza importa menos que a figura. As ciências são as que dão o lustre às coisas e sempre dão o lustre que lhes parece; ou duvidoso, ou falso, ou verdadeiro; a vaidade é o artífice.

Os heróis são os que combatem, os que vencem e conquistam; porém os sábios são os que de algum modo reinam, e governam. O trabalho e o perigo é dos heróis; dos sábios é o fruto: aqueles contentam-se com a glória do vencimento, estes o que querem é a utilidade da vitória; uns reservam para si a vaidade do nome, outros não querem mais do que servir-se da autoridade dele; o guerreiro semeia sangue para o sábio colher flores. É certo que cada potentado não é mais do que um só homem; na campanha sim pode comandar muitos mil: uma voz, um sinal, um clarim basta para fazer mover um corpo formidável; porém na paz não é assim, porque nela o governo é como uma guerra civil que se faz entre os mesmos cidadãos, e entre os mesmos naturais; então mandam os sábios; por ser guerra sem estrondo, não é menos arriscada; nela se veem traições, ataques, sutilezas; aquilo que em guerra viva decide a espada, na paz decide a pena; esta também corta, ainda que não tão depressa, e nisto mesmo consiste um dos seus modos de cortar; a lentidão aflige à maneira de um martírio, que para ser maior, se faz por arte vagaroso; e, com efeito, a morte parece que não é morte quando chega, mas sim quando está para chegar; o último instante é insensível, porque é como um tempo que se não compõe de tempo; a dor para se fazer sentir necessita de espaço; por isso a agonia não é quando alguém acaba, mas quando está para acabar. Assim são as dilações de que no ócio da paz se formam os conflitos; estamos vendo acabar-se a nossa vida, sem que se acabe a nossa dependência; esta vai ficando como herança; e para ser herança infeliz, sem estimação nem preço, sempre passa com a qualidade de incerta e duvidosa, porque sempre fica dependente da inclinação, do arbítrio e do juízo humano: isto é o mesmo que não ficar sujeita a coisa nenhuma certa, mas a uma pura sorte. A fortuna, o tempo, a ocasião, o humor, a hora têm mais parte nas decisões do que a lei, a verdade e a justiça; esta, ou a sua imagem simbólica, em uma mão tem a balança, e na outra a espada: mas que pesa na balança? Ponderações, discursos e argumentos são as partes por onde o direito se governa; mas são partes, que se não podem pesar, porque não têm corpo nem entidade; e assim já temos a justiça imprópria até na mesma ideia da sua representação, e se a quisermos defender pela sua antiguidade, convenhamos em que as razões se pesem; mas em que mãos há de a balança estar para ser fiel? Nas dos homens, certamente não; nas de uma deusa sim. A espada tem mais exercício na justiça; por isso sempre está em ação, isto é, levantada; e, com efeito, o ferir é mais fácil, porque é mais fácil também o descarregar o golpe, que o suspendê-lo: a força que suspende é violenta, a que descarrega é natural: mas como pode a justiça ter na espada um exercício justo, se a balança na mão dos homens não tem uso, e se o tem é somente imaginário, e na realidade impraticável? A espada depende da justeza da balança, e assim vem a depender de um instrumento inútil: sim depende de uma balança certa para saber o como, o quando, e em que caso há de ferir; mas para nosso mal, a balança na mão da Justiça pintada é que se vê; não porque deixem de haver homens justos, mas porque a justiça verdadeiramente não se pode pesar; é um ato de discurso, e este em cada homem é sempre incerto, vago e vacilante. Para dar a cada um o que lhe toca, não basta ter uma vontade perpétua e constante, nessa mesma vontade é donde o erro se introduz. Finjamos que o discurso é como um campo largo em que a verde primavera faz nascer aquela multidão de belas flores, mas, entre estas, que impede que não nasça alguma flor com vício, ou alguma planta agreste, inferior, e errante? As flores nascem no campo, os discursos em nós; felizes são as flores, pois foram produzidas na terra humilde, e por isso mesmo incapaz de vaidade, e ainda cheia de simplicidade virginal: infelizes os discursos, pois nascendo em nós nascem de um limo pecador, e por isso terra ingrata, impura e adulterada.

Só Deus governa só. Os potentados não podem governar sem terem várias hierarquias, ou ordens de magistrados; nestes delegam o poder; os magistrados subdelegam aquele mesmo poder em outros, e estes o tornam a subdelegar; assim se forma um corpo vasto, composto de muitos membros, e todos animados por um mesmo e único poder: este, visto e tomado na sua primeira origem, é justo, pio, verdadeiro, generoso, legítimo, protetor, paterno; é um poder em que parece está depositado, ou delegado, o poder de Deus. Depois que sai daquele centro para dividir-se, ou repartir-se, logo se altera: enquanto está no trono, é puro; se se afasta dele, degenera; é como uma árvore que se transplanta para um terreno impróprio; as águas são limpas quando nascem; depois se fazem imundas, segundo os lugares por onde correm. O espírito não anima as partes que estão fora do seu corpo, e a alma que parece que habita nos membros todos, foge e se retira dos que foram separados: a claridade da luz não se comunica bem se a distância em que está é excessiva; o fogo não tem calor senão dentro da esfera da sua mesma atividade; as coisas postas fora da sua região tomam uma natureza contrária e ficam outras. Que coisa pode haver que pareça estar mais fora da sua região, da sua esfera e do seu centro do que o exercício do poder e da justiça na mão dos sábios? Estes são pródigos daqueles atributos, usam deles como coisa emprestada e alheia; a ciência que os fez subir é o que desprezam mais; não porque totalmente desprezem a ciência, mas porque esta prescreve certos modos e limites que se não podem passar, nem deixar de chegar a eles; esta necessidade serve de angústia; é aperto o haver de seguir precisamente um caminho prescrito e determinado: a vaidade da ciência não se acomoda em seguir, o que quer é que a sigam; não quer observar a regra, quer fazê-la. Os sábios sofrem mal o serem executores e não legisladores; e, com efeito, a execução soa uma espécie de servidão pública; por isso cada um se forma uma ciência particular; e esta é a que propriamente é sua; daqui vêm os diversos pareceres; nem pode deixar de ser, porque nenhum sábio se governa pelos princípios comuns a todos, mas por aqueles que só a eles são comuns; e quando recorrem aos princípios dos outros, é para confirmação dos seus: mas como pode não ser assim, se é regra que em certos casos não deve a regra servir de regra, nem o princípio de princípio, nem a lei de lei? Então vem a consistir a observância da lei na transgressão dela, a conformidade com o princípio consiste em se afastar dele, e a sujeição à regra consiste em violá-la; desta sorte vem a ciência a ser uma faculdade arbitrária e fundada mais no conhecimento dos casos do que no conhecimento das leis: estas são as que se aplicam, e na ocasião de serem aplicadas é que têm o perigo de se quebrarem, ou torcerem; elas se quebram e se torcem, ainda sem ser por fraqueza de quem as aplica, mas por culpa da mesma coisa. Vemos aqueles sábios, quase sempre desunidos; todos estudam as mesmas leis, mas no modo de praticá-las, nenhum concorda; não só disputam quando aprendem, mas também quando sabem; em disputar passam todo o tempo de aprender, de ensinar e de usar; o que argumenta e duvida mais é o que dá melhor sinal de si; o saber embaraçar mais é o mesmo que saber mais; o aplauso não segue a quem tirou a dificuldade mas a quem a pôs; nem também a quem a desfaz, mas a quem a fez; a ostentação não está em fazer assentar no que a coisa é mas em arguir e destruir tudo aquilo em que se assentar: célebre ciência, em que os ignorantes parece que estão de melhor partido que os sábios! Estes veem tanto, que a multidão das coisas que veem os confunde e cega; aqueles menos, e por isso veem mais: a abundância de ciência faz aos sábios pobres de saber; neste caso a sabedoria está em poder tornar para o estado de ignorância; a maneira de alguém que retrocede para buscar o que perdeu: alguma vez sucede a quem caminha o passar além do lugar para onde vai; então quanto mais caminha mais se perde; porque busca adiante aquilo que já lhe fica atrás: tanto erra quem anda menos, como quem anda mais; e tanto se desvia quem não chega ao lugar como quem o passa. Um vento muito forte, ainda que seja favorável, é tormenta; a luz nem por ser muito intensa, é mais clara; as águas que correm precipitadas, para pouco servem: a grande velocidade as faz inúteis e incapazes; o peso não só fica sendo errado por ter de menos, como por ter de mais; as coisas não só se arruínam por fraqueza, mas também por fortaleza; a saúde demasiada passa a enfermidade; o preceito não só se quebra pela diminuição da observância, mas também pelo excesso. Algumas virtudes há que são vícios moderados; a temperança é como uma raia que está entre o vício e a virtude, e que distingue o bem do mal; nas ciências também se peca por se saber nelas mais de que se deve saber: a nossa compreensão não é infinita; depois que recebe uma certa porção de inteligência, fica sem poder receber mais, e se se lhe quer introduzir com violência, cansa, e fica como imbecil e enervada. Depois que um vaso está cheio de licor, o que se lhe deita mais perde-se, e muitas vezes do seu mesmo fundo se faz levantar uma poeira sutil que o turva: daqui vem que os sábios são confusos comumente, embaraçados e irresolutos, à maneira de quem leva sobre si um grande peso, que sempre vai com medo e devagar. A imensidade de regras, de opiniões e de doutrinas, de tal sorte os ocupa que ficam como presos e imóveis: a vaidade de razões, e de razões contrárias, que um sábio acha em qualquer coisa, suspende em forma que fica sem saber qual razão há de seguir; em toda considera fundamentos admiráveis para serem aprovadas e para o não serem, também em toda considera fundamentos grandes; daqui vêm as dilações, irresoluções, e perplexidades; este é o caso em que aquilo que não decide a inclinação, decide a hora; a fortuna é a que move a pena, que absolve ou que condena. O sábio que flutua no meio de razões e oposições iguais, finalmente lá se deixa levar por alguma razão exterior e indiferente; as coisas remotas, que não têm relação alguma nem conexão com a matéria, entram em concurso com as que formam o corpo e substância dela: o litigante a quem o juiz viu, ou falou ultimamente; aquele que sabe ser mais cortesão, cuja voz é mais sonora e cujo nome é fácil de pronunciar, ou de escrever, esse é o que vence e a quem se julga a palma; esta não foi tirada do campo da peleja, mas de outro lugar estranho e independente. Assim governam os sábios, por isso há tanta incerteza e mudança nas suas decisões; o que um disse, outro reprova; o que um fez, outro emenda; e muitas vezes na emenda é que está o erro; semelhante ao mal que procedeu unicamente do remédio; cada um defende a sua opinião e persiste nela; e cada um se persuade que o erro não esteve na decisão, mas na reformação; em todos fica constante a vaidade da ciência; e algum que se retrata, também o move a vaidade de não ser, nem parecer-se com os outros: uns fazem vaidade de serem infalíveis, outros também se desvanecem de mostrarem que o não são: deste gênero são poucos; porque a vaidade de desprezar a vaidade é muito rara, e em si mesmo é estimável. A virtude, ainda que venha de um princípio vicioso, sempre é virtude de algum modo, ou mais ou menos qualificada; o obrar bem por qualquer motivo que seja, é bom, as nossas ações não se determinam pela causa que mostram, por outra que se não vê; e entre todas as causas, aquela que consiste em uma vaidade inocente é menos má. Que importa que a vaidade seja a que incite o exercício do valor, da constância, da ciência e da justiça? O impulso que move fica separado da coisa movida: dois licores contrários, por mais que se misturem, sempre parece que um foge do outro e se separa; o artífice, o instrumento, a obra, tudo são partes distintas; a vaidade pode incitar a virtude, mas não incorporar-se a ela; pode juntar-se, mas não unir-se.

A ciência de fazer justiça é verdadeiramente ciência de Deus e dos seus substitutos na terra, que são os soberanos: é impossível dar-se injustiça em Deus; nos soberanos não é impossível, mas é impróprio; nos demais homens a injustiça é quase natural. Quais são aqueles de quem se possa dizer exatamente que não têm interesse, inclinação, ou dependência? Qualquer destas circunstâncias serve de impedir o exercício e ciência da justiça. Só os reis relevam imediatamente de Deus, e só de Deus dependem; os demais homens todos dependem uns dos outros, porque há mil modos de depender: aqueles mesmos a quem a altura do lugar faz parecer totalmente independentes, são os que muitas vezes dependem mais; aqueles a quem o merecimento, ou a fortuna, pôs em um certo grau de autoridade, necessitam de adquirir nome e reputação; necessitam da opinião e aprovação dos outros homens. Que maior necessidade de dependência! A opinião e aprovação comum, não se forma do parecer de um só, nem ainda do parecer de muitos, mas do parecer de todos; e desta sorte os mesmos de quem todos dependem, são também os que dependem de todos. A opinião das gentes não é coisa tão pouca que dela não dependa a conservação do lugar e da autoridade: o receio de que o poder se perca, ou o respeito diminua, é o que ocupa cruelmente aos que estão em lugares eminentes, nestes ninguém está seguro, nem ainda os mais felizes; porque se uma mão poderosa os sustém como elevados no ar, pode largá-los, e quando creem que estão em assento firme, não estão senão suspensos: as asas de uma boa fama são as que os sustentam, se elas faltam, o mesmo braço que os suspende, os precipita. O favor supremo raramente é indiscreto, e se acaso se inclina sem razão, isto é, se alguém por engenho e arte, se fez injustamente amar de um soberano, este no dia do seu furor castiga aquela usurpação e subrepção de amor; castiga o crime de quem se fez amar por artifício. A inclinação dos reis costuma fundar-se em merecimento e virtudes; destas se compõe o encanto mágico que atrai a si um favor prudente; mas se foram fingidas as virtudes e se os merecimentos não foram verdadeiros, irrita-se aquele mesmo favor à proporção que tem pejo da sua preocupação e crueldade: nenhum engano é mais sensível que aquele que se dirige a roubar o afeto; a alma que amou não só sente o ter amado injustamente, mas sente também o não dever amar mais, porque a impressão que o amor fez não se pode tirar sem estrago e dor da parte a donde está; o que foi gravado profundamente não se desfaz sem ruína e perda: para aniquilar-se a forma de uma estampa, é necessário perder-se a estampa toda; não só a figura que ela representa, mas também o corpo em que a representação está. Aqueles, pois, que devem às letras a sua exaltação, e que entendem que feitos árbitros do mundo não dependem dele, são os que na verdade estão mais dependentes, porque a fama da ciência, que os conserva, também é mutável e inconstante, e o mesmo favor que os fez subir como sábios pode fazê-los descer como ignorantes. A ciência não é qualidade tão certa e permanente que não possa sofrer alteração. Tudo em nós tem decadência, e só a ciência não há de ter? Nem é preciso, que concorra alguma coisa natural; as paixões bastam para perverterem as ciências; não tomadas universalmente como elas são em si, mas tomadas como são em cada um de nós. Uma pequena nuvem basta para escurecer a luz do sol; as paixões são como muitas nuvens juntas. Aquele em quem a ira não pode encobrir a luz do entendimento e da ciência, a ambição há de encobri-la e se o não fez, poderá fazê-lo a grandeza do respeito, e na falta deste lá vem o amor, não só armado de setas, mas de lágrimas;

não só fiado no seu império, mas também na sua submissão; não só com ânimo de render, mas de render-se; fatal combate, em que a maior força consiste na falta de fortaleza, e em que o ficar vencido é o meio por onde a vitória se segura; mas se nem o amor, nem a ambição, nem a grandeza puderam conquistar um peito heroico, lá vem finalmente a vaidade e esta sempre vem feita invisível e acompanhada de todas as paixões, mas disfarçada; o desejo, a dissimulação, a preguiça e a inveja vêm cobertos de um faial modesto e trazem no semblante um ar composto e humilde; a vingança, a soberba, a rapina e a altivez, vêm cobertas de fumos de várias cores e de diferentes formas. Assim se introduz enganosamente a vaidade e assim vive em nós sempre escondida, como inimigo oculto e traidor; ela transfigura os vícios para fazê-los apetecíveis, e quando os deixa ver, é por algum interposto meio por onde eles mostrem o contrário do que são. Havendo tantas ciências, apenas há algumas que façam que nos conheçamos a nós, aos nossos vícios, é a nossa vaidade. As ciências humanas que aprendemos comumente são aquelas que importava pouco que soubéssemos; devíamos aprender-nos a nós, isto é, a conhecer-nos; de que serve o saber, ou pretender saber, como o mundo se governa ao mesmo tempo em que ignoramos o como nos devemos governar? Para tudo fomos sábios, só para nós somos ignorantes. Falta-nos o conhecimento próprio; não porque nos faltem regras e preceitos para que possamos conhecer-nos, mas porque a vaidade se opõe a uma ciência que faz humilde a quem a sabe: é arte mui dificultosa de aprender aquela que nos tira a presunção. Que inútil coisa é um espelho para quem sabe que se há de se ver nele horrendo, disforme e macilento! Por isso fica sendo como uma alfaia sem uso e desprezada: o ser fiel e verdadeiro é crime quando a verdade molesta e abate; o espelho que não lisonjeia é prejudicial.

A ciência de fazer justiça é donde a vaidade é mais perniciosa. Quem dissera que também há vaidade em se dar o que é seu a cada um! Não só há vaidade nisso, mas também essa mesma vaidade é o que faz muitas vezes que a cada um se não dá o que é certamente seu. A corrupção das gentes está tão espalhada que faz parecer virtude, uma obrigação que se cumpre, uma dívida que se paga, ou uma verdade que se diz. As coisas não se regulam pelo que deviam ser, mas pelo que poderiam ser; isto é, o depósito que se entregou, podendo-se negar; a dívida que se podia não pagar e se pagou; a verdade que se disse podendo-se esconder; e assim a privação do vício serve de virtude atual; e de alguma sorte, para ser um homem virtuoso, não é necessário que faça algum ato de virtude, basta que não faça algum de vício; e de algum modo, também, o ser leal não depende do exercício da lealdade, basta que se não exercite alguma aleivosia. O mundo está tão pervertido, que a bondade dos homens não se tira da razão de serem bons, mas da razão de não serem maus: o nome da virtude não vem da virtude presente, mas do vício ausente, o merecimento das coisas não se toma pelos que são nem pela forma que têm, mas pelo que não são e pela forma contrária que não têm. Daqui vem que uma ação é louvável só porque não é repreensível. Aquele meio de não ser nem uma coisa nem outra, parece que o não há já; ficaram os extremos e extinguiu-se o meio. Tudo propende para o que não deve ser, por isso não sei se podemos admirar-nos, de que as fontes ainda corram para o mar; de que o fogo ainda abrase; de que o ar ainda se mova; e de que a terra ainda fertilize. Os elementos não se mudam, mas é porque estão subordinados às primeiras leis que lhes deu o autor do mundo; temos o uso deles o domínio não; devem servir-nos, e não obedecer-nos: a nossa prevaricação estende-se a tudo quanto foi, ou é obra nossa; por isso a vaidade se comunica, tem jurisdição em tudo aquilo em que nós a temos. Daqui procede o ser a ciência da justiça humana, uma ciência mutável, inconstante e vária; porque as leis da vaidade sabem confundir-se com as leis verdadeiras da justiça. A vaidade também tem regra e doutores. Quantas injustiças não terá feito a vaidade de fazer justiça! A mesma vaidade que inspira retidão a embaraça. Revista-se embora o soberbo magistrado de um semblante rugoso, implacável, adverso e truculento; faça-se irrisível totalmente, áspero, severo e desabrido; mostre um aspecto sombrio, terrível, taciturno e intratável; fale de um ar e tom de soberania; tenha sempre o pensamento distraído, como que o tem todo ocupado em Ulpiano e Bartolo, ou que está combinando na memória algum ponto de grande consequência, de que talvez depende a economia do Universo; nada disso pertence à natureza do magistrado, à natureza da vaidade sim. Um jurisperito incivil quer que até na gravidade do seu vulto se conheça a inflexibilidade do seu ânimo; e que se veja até na sua forma exterior uma forma judicial. Aquele frontispício cujo ornato consiste na desordem é a primeira coisa que a vaidade expõe, como em espetáculo, quando quer alcançar uma aclamação de justo. Mas quantas injustiças não produz o desejo, ou a vaidade, de adquirir aquela aclamação! Não pode haver justiça quando esta se exercita por algum fim que não seja por ela só; nem pode ser justo nunca quem tem por objeto principal a glória de o parecer. Tudo o que se busca por ostentação busca-se por qualquer meio que for, isto é, ou justo ou injusto; quem procura a voz da fama, que lhe importa a figura do instrumento que há de fazer aquele som; o que o fizer mais espantoso e o espalhar mais longe, esse é o que convém; nem importa que a voz seja sonora e certa, o ponto é que seja forte. Quem é muito sensível à vaidade do nome e à da opinião comumente é insensível à realidade da coisa; esta fica desprezada, se se pode desprezar com segurança e sem receio; quando só se quer o efeito, não se procura nem atenta à causa; por isso a quem deseja o aplauso da virtude, esta fica sendo indiferente; e a quem deseja o aplauso da justiça, também esta fica sendo menos importante. Daqui vem que a justiça costuma fazer-se para soar: aquela que soa mais (ou pela grandeza da matéria, ou do sujeito) é a mais agradável a quem a faz; porque dela se forma a voz da fama, e juntamente nasce dela o nome e reputação de justo. A vaidade não se contenta com o que as coisas são, mas com o que parecem, contanto que pareçam grandes; nem faz caso do que a coisa é, mas do que se diz que é: estima o merecimento não segundo a qualidade dele, mas segundo o efeito, que faz na estimação das gentes: não faz distinção entre o louvor extorquido e o louvor merecido justamente, basta-lhe que seja louvor; e isto é porque a vaidade não se formaliza da verdade do princípio; o que quer é que os homens se admirem; importa pouco que tomem uma exalação por uma estrela: daqui vem que uma ação ilustre, mas feita em segredo, a vaidade tem-na por infeliz; a virtude escondida, e que não se sabe, a vaidade a julga por uma virtude perdida e morta.

O juiz que decidiu contra um litigante poderoso e a favor de um litigante humilde logo atraiu a si todo o sufrágio popular; a multidão o canoniza sem exame e o faz passar por justo, inteiro e sábio. Assim se engana, ou se deixa enganar aquela multidão cega e sem experiência; presume no juiz um espírito de justiça, firme e incontrastável, só porque o viu julgar contra a grandeza do poder; mas não vê que nisso mesmo quis o juiz astuto fundar a sua grandeza própria; oprimiu injustamente ao grande (porque nem sempre a razão e a justiça estão da parte dos humildes). Aquele foi o meio que buscou para fazer-se admirável entre todos e adquirir reputação em poucas horas: uma só injustiça lhe deu a opinião de justo; uma só iniquidade o fez ilustre; talvez que uma vida longa e cheia do exercício da justiça verdadeira não fizesse tanto; isso mesmo previu o maligno julgador; por isso quis antecipar-se àquela glória, ou vaidade, por meio de um crime que o vulgo comumente não supõe. Daquela sorte conseguiu um alto nome; mas que importa se ele mesmo o desconhece; todos o têm por justo, e só ele não se tem a si; o engano produziu o efeito para os demais, para ele não; todos o estimam porque o creem justo, e só ele se repreende porque interiormente sabe que não o é; a todos pode enganar, só a si não; a consciência que não teve para julgar a outrem, tem-na (a seu pesar) para julgar-se a si; em si mesmo tem um tribunal que o acusa e que conhece claramente o seu delito; aquele conhecimento é o por onde começa desde logo a sua pena; sentença contra um julgador ímpio, ele mesmo a pronuncia; e por mais que a vaidade (depois que o fez errar) o ponha em um perpétuo esquecimento do seu erro, contudo lá vem algum tempo em que parece, descansar a vaidade e despertar a consciência; esta nem sempre vive em um letargo, às vezes se levanta como estremecida e assombrada; então a ouvimos suspirar dentro de nós à maneira de um gemido queixoso, ou eco triste, que sai do fundo interior de um termo solitário; o coração se sobressalta e enternece; um horror gelado e frio parece que o cobre e lhe suspende o movimento; só então podemos ver aquela luz serena e pura, luz da justiça e da razão; então se vê que a vaidade é de todas as ciências, e que ainda aquela que tem a justiça e a razão por instituto, nessa mesma se introduz a vaidade. Quem dissera que a escuridade das trevas pode ter lugar na mesma parte em que a luz preside! Que à vista da formosura pode ter veneração a fealdade! Que uma voz irracional e rouca pode entrar sem desordem no concerto da harmonia! Que entre as pedras preciosas pode ter valor a pedra tosca! Que o metal grosseiro tem um preço igual ao metal brilhante! E, finalmente, quem dissera que no templo da divindade pode ter algum culto o ídolo! Entre extremos tais a distância que há é infinita; e, com efeito, entre o vício e a virtude; entre o engano e a verdade; e entre a injustiça e a justiça não há caminho certo nem proporção que se conheça; o mesmo meio parece que é injusto e vicioso. Mas que importa: a vaidade faz que não seja excessiva a distância dos extremos, porque quando os não pode chegar e unir, faz com que ao menos se possam ver de longe; é o que basta para de algum modo os concordar, e tudo sem mais força nem trabalho que o de dar à verdade alguma sombra, algum pretexto ao vício e alguma cor à injustiça: e assim enquanto houverem cores, sombras e pretextos, hão de padecer a verdade, a justiça e a virtude.

Na ciência de julgar, alguma vez é desculpável o erro do entendimento, o da vontade nunca; como se o entender mal não fosse crime, erro sim; ou como se houvesse uma grande diferença entre o erro e o crime: o entendimento pode errar, porém só a vontade pode delinquir. Assim se desculpam comumente os julgadores, mas é porque não veem que o que dizem não procedeu do entendimento; se bem se ponderar, procedeu unicamente da vontade. É um parto suposto, cuja origem não é aquela que se dá. Querem os sábios enobrecer o erro, com o fazer vir do entendimento, e com lhe encobrir o vício que trouxe da vontade: mas quem é que deixa de não ver que o nosso entendimento quase sempre se sujeita ao que nós queremos; e que o seu maior empenho, é servir à nossa inclinação; por isso raras vezes se opõe, e o mais em que ocupa é em conformar-se de tal sorte ao nosso gosto, que ainda a nós mesmos fique parecendo que foi resolvido do entendimento aquilo que não foi, senão, ato da vontade. O entendimento é a parte que temos em nós mais lisonjeira; daqui vem que nem sempre segue a razão e a justiça, a inclinação sim; inclinamo-nos por vontade e não por conselho; por amor e não por inteligência; por eleição do gosto e não por arbítrio do juízo: as paixões que nos movem nos inclinam; a todas conhecemos, isto é, sabemos que amamos por amor, que aborrecemos por ódio, que buscamos por interesse e que desejamos por ambição. Mas não sabemos, sempre, que também a vaidade nos faz amar, aborrecer, desejar, buscar; daqui vem que o julgador se engana quando se presume justo só porque não acha em si nem amor, nem ódio, nem ambição, nem interesse; mas vê que é vaidoso e que a vaidade basta para o fazer injusto, cruel, tirano. Não vê que se não tem amor a outrem, tem-no a si; que se não tem ódio ao litigante humilde, tem-no ao poderoso, só porque na opressão deste quer fundar a sua fama; não vê que se não tem interesse de alguns bens, tem interesse de algum nome; e se não tem ambição das honras, tem ambição da glória de desprezá-las; e, finalmente, não vê que se lhe falta o desejo da fortuna, sobra-lhe o desejo da reputação. Que mais é necessário para perverter um julgador? E, com efeito, que importa que a corrupção proceda de um princípio conhecido, ou de um princípio oculto, isto é, de uma vaidade que o mesmo julgador não conhece nem percebe? O efeito da corrupção sempre é o mesmo. Que importa que o julgador se faça injusto só por passar por justiceiro? A consequência da injustiça também vem a ser a mesma; o mal que se faz por vaidade não é menor que aquele que se faz por interesse; o dano que resulta da injustiça é igual; o juiz amante ou vaidoso, sempre é um juiz injusto.

Não é assim o magistrado ou o julgador prudente: este é severo sem injúria nem dureza; inflexível sem arrogância, reto sem aspereza nem malevolência; modesto sem desprezo, constante sem obstinação, incontrastável sem furor e douto sem ser interpretador, sutilizador ou legislador; o seu caráter é um ânimo cândido, sincero e puro; é amigo de todos, inimigo de ninguém; é alegre e afável por natureza, mas reservado por obrigação do ofício e sensível ao divertimento honesto, mas sem uso dele por causa do lugar: em tudo moderado, civil, circunspecto diligente, laborioso e atento; a ninguém é pesada a sua autoridade, e quando foi promovido a ela, todos conheceram que foi justa e acertada a eleição; todos viram que tinham nele um protetor seguro da verdade e um medianeiro discreto e favorável para tudo o que fosse favor, clemência, generosidade; chegou àquele emprego por meio das virtudes e não por meio da fortuna. Um alto merecimento o fez chamar e as gentes se admiram não de que fosse chamado, mas de que o não fosse mais cedo: a ele não assombra nem a grandeza dos sujeitos, nem dos lugares, nem das matérias; não atende mais do que à justiça: esta tem por objeto singular; para esta é que olha; a razão é a sua regra, ele a segue e a aclama em qualquer lugar que a ache. No seu conceito não valem mais nem o pobre por humilde, nem o grande por poderoso; distingue as pretensões dos homens pelo que elas são e não por de quem são; não atende à qualidade dos rogos, mas à qualidade das coisas: uma vida sem reparo, nem desordem, foi um dos requisitos por onde se habilitou, outros há a quem não é vantajoso que se vejam os passos que já deram, mas somente aqueles que vão dando; e a quem não será útil se ponderem as ações antecedentes; e ainda as presentes não passam sem murmuração e queixa. O julgador benigno não receia que se saiba a sua vida, que se diga e que se escreva; o seu panegírico só depende da verdade, do encarecimento; da lisonja, não; ele mesmo é o seu elogio. Finalmente o julgador sincero tem das ciências o que basta saber julgar, e não o que basta para saber embaraçar; alguns há que fazem do conhecimento da razão uma ciência imensa, como se fosse necessário arte para se conhecer o sol. O caminho da justiça (para quem tem vontade de andar por ele) é um caminho direito, espaçoso, claro, fácil e aprazível; as flores que o bordam de uma e outra parte, todas são perpétuas, porque nunca murcham; uma primavera constante as reverdece e alenta: o caminho porém das injustiças é um caminho difícil, espantoso, e escuro; umas vezes é por cima de rochedos escarpados, por onde cada passo se encontra um precipício; outras vezes é por vales estreitos, sinuosos e profundos, donde as árvores são todas infecundas, têm pálidas as folhas, e nascendo desordenadas e confusas, fazem o lugar seguro e próprio para traições, aleivosias, furtos, assassínios; as mesmas sombras infundem pavor e fingem vultos enormes; um ar caliginoso e denso, apenas pode alvergar aves noturnas de presságio infausto; os raios que ali se veem são negros e têm no abismo o fundo, apenas pode criar monstros anfíbios; o silêncio com que passam os faz ainda mais fúnebres e tristes, como se nascessem do Estige, do Averno ou do Cocito. Essa figura representa o caminho da injustiça, caminho que não se sabe sem estudo, porque todo se compõe de circuitos, rodeios e desvios. Mas que infeliz estudo é este em que se aprende muitas vezes o caminho por onde se vai ao inferno! Por isso aquele digno magistrado, de uma fiel jurisprudência, só quis saber o como se deve julgar; e não o como se pode julgar; e da mesma sorte só quis saber o como se devem fazer as coisas e não o como se podem fazer; daqui lhe procedeu o serem justas as suas decisões e ser o seu voto acertado sempre; nunca teve por objeto, a justiça e a razão, e estas só consideradas em si mesmas, sem alteração e no seu primeiro estado de inocência e de pureza; nas leis nunca viu mais nem menos do que aquilo que elas têm, nem as soube acomodar a algum sentido esquisito e raro, por onde viesse a ter lugar a inveja, a ambição e a vingança. Finalmente aquele julgador é verdadeiro só por amor da verdade; é justo só por amor da justiça; ele conhece os seus próprios movimentos e entre estes segue unicamente aqueles que têm por princípio a justiça e a verdade. Não se desvanece das virtudes que conhece em si; o aplauso só quer que seja da virtude e não seu; o louvor quer que se dê à razão e não a ele; parece-lhe que em obrar como deve, não merece nada; não se admira da justiça que exercita por força da obrigação; das ações memoráveis em que tem parte, ele se supõe um instrumento necessário; sendo assim, não o pode vencer a vaidade. Esta, que em todos os homens é como um afeto ou paixão inevitável, só naquele julgador fica sendo como afeto sem vigor, desconhecido e estranho; mas por isso mesmo, e sem cuidado, conseguiu e tem um nome venerável, e com circunstâncias tão feliz que esse mesmo nome que conserva contém em si uma ilustre e saudosa recordação.

A vaidade da origem é uma seita que se fundou na Europa da decadência de outras da mesma espécie, ou semelhantes: aquela parte por onde o mundo se começou a polir foi donde os homens descobriram a invenção maravilhosa da nobreza. A sucessão dos séculos tinha feito perder a inteligência e uso de muitos artifícios úteis e admiráveis; mas em recompensa fez achar no sangue muitas diferenças que ainda se não tinham advertido.

Os homens bárbaros não puderam ver no sangue outras coisas mais do que aquelas de que consta um corpo físico; e naquele humor o mais que viram, foi a razão de mais, ou menos líquido, e a razão de mais, ou menos cor; destes dois princípios fizeram resultar todas as mudanças de que o sangue é suscetível, e por causa dele, o homem. Averrois, Avicena, Hipócrates e Galeno: uns famosos médicos e filósofos arábios; os outros, também famosos filósofos e médicos gregos não conheceram (segundo se diz) a circulação do sangue. Os que lhe sucederam depois não só fizeram aquela grande descoberta, mas também entraram a seguir a ideia de aplicar ou considerar no sangue muitas razões e substâncias importantes, de que a natureza que o faz e cria não tinha, nem ainda tem, notícia alguma, de sorte que nesta parte pode dizer-se que a natureza não sabe o que faz; e, com efeito, o que sabe é que o sangue é uma entidade material, sujeita a todas as leis da hidrostática e do equilíbrio, e que forma um líquido espirituoso, vital, universal e igual em tudo quanto respira e é sensitivo; o mesmo modo, a mesma arte, os mesmos ingredientes de que a natureza se serve para fazer o sangue de um leão, de um elefante, ou de uma águia, são os mesmos de que se serve também para formar o sangue de uma pomba rústica ou de um cordeiro manso; as produções são diversas, a fábrica é a mesma; não há diferença nos princípios, nas figuras sim. Se o leão se desvanece é porque tem a força e não porque tem o sangue de leão; e ainda se se desvanece pela força, é quando se compara ao cordeiro débil, não se é comparado a outro leão. Se o elefante fosse presumido seria por ter a corpulência, não por ter o sangue de elefante: e ainda no que toca à corpulência, a presunção seria a respeito de outros animais de menos estatura e não a respeito de outros elefantes. Se uma águia se jactasse, havia de ser de subir mais alto e não deter o sangue de águia; e ainda a jactância do subir só seria a respeito do cisne úmido e pesado, e não a respeito de outras águias. Não é assim presunção, e a sua vaidade é dirigida sempre em que fazem consistir a singularidade ou superioridade de uns a outros; naquele licor é o donde consideram como ocultas e invisíveis todas as razões de diferenças; ali puseram o assento da nobreza e dali a fazem sair, como de uma fonte original e composta de infinitas distinções, qualidades, graus, quilates. Os homens das outras regiões não distinguem os sangues senão pelas suas proporções elementares; isto é pela proporção dos elementos, ou partes, de que os mesmos sangues se compõem; a diversidade que notavam consistia em ser um sangue mais ou menos cálido, mais ou menos denso, mais ou menos sutil: não viram, aquelas nações remotas, o que mais engenho e estudo chegaram a ver as nações da Europa; isto é, que há um sangue humilde, vil, abjeto e baixo; e que há outro nobre, ilustre, preclaro, esclarecido. Mas se se perguntar a um sangue, quem o fez humilde, e a outro quem o fez nobre, o primeiro há de dizer que uma pobreza cruel e dilatada o envileceu; e o segundo dirá que uma pomposa e dilatada riqueza o ilustrou. Quem dissera que a fortuna faz o sangue! Bastava que essa mesma fortuna tivesse poder nas coisas que nos rodeiam, sem o ter também naquilo que está dentro de nós. Parecia-nos que só a natureza dava o sangue, e que este só da natureza dependia; mas agora vemos que a fortuna o muda.

Muda a fortuna o sangue, ou ao menos parece que o muda; e com tal variedade e força que aquele sangue, que algum dia foi humilde, hoje é generoso; aquele que foi esclarecido é humilde; o que agora é abatido, tempo há de vir em que o não seja; e o que está sendo ilustre já, também algum dia deixará de o ser. Deste modo vem a depender o sangue não só da fortuna presente, mas da passada e da futura: não só lhe prejudica a miséria atual, mas também aquela que passou; faz-lhe mal o mal que sente e também aquele que não pode sentir; costuma vir-lhe de longe o abatimento ou a grandeza; por isso depende menos do estado presente em que se acha que do estado passado em que outros se acharam: e, com efeito, a fortuna dos passados faz a nobreza dos presentes e a fortuna destes faz a nobreza dos futuros; assim se faz e se desfaz a nobreza, sucessivamente. A mesma fortuna prepara a nobreza em uns; isto é, começa-a; em outros a aperfeiçoa; até que finalmente vem a acabá-la nos demais; o acabá-la é desfazê-la; todas as coisas tendem naturalmente para o seu princípio. A indigência é mais natural, ou mais certa que a abundância; esta que ilustra o sangue é menos permanente do que a pobreza que o abate; a decadência é mais comum e menos inconstante; a prosperidade é a que faz a nobreza, enquanto dura; e também é a que a desfaz, quando se aparta. A nobreza segue os passos da fortuna; se esta é dilatada e grande, então se forma uma nobreza esclarecida; porque os séculos lhe escondem a sua primeira e limitada origem. A luz, quando nasce, é débil; porém insensivelmente se fortifica; nenhum rio se mostra logo como mar; e dos que são mais celebrados, ainda se ignora o donde vêm; talvez que seja de alguma fonte humilde e desprezada; mas como vêm de longe; a distância os enobrece só porque oculta a tosca rocha, ou a brenha sem nome donde nascem. As coisas vãs necessitam de uma certa escuridade que as esconda, porque como se estimam, só porque se imaginam estimáveis, se se deixam conhecer, perdem-se; a ignorância do que elas são é o que as conserva e atrai a si um respeito religioso. São poucas as vozes que não sejam imprudentes; e pelo contrário, todo o silêncio é discreto e sábio; as coisas que não se estimam por não serem conhecidas são raras. O merecimento transpira por toda parte e por mais que se queira esconder, não pode, é como a claridade que sempre busca e acha caminhos invisíveis por onde passa: uma chama ativa não se pode conter, ela se descobre; o mesmo fumo lhe serve de indício. Não é isto assim na vaidade da nobreza, porque a esta o que convém é ter um princípio impenetrável e que esteja envolvido em sombras tais que o exame não pode rompê-las; e que esse mesmo exame, já confuso e embaraçado, não chegue senão até àquela parte donde a nobreza está mais brilhante e clara; e se lhe fosse fácil andar mais, de sucessão em sucessão, lá havia de encontrar os sinais ou vestígios da miséria, e junto a esta, a inseparável vileza; assim, bem podemos assentar que a vaidade da nobreza é uma introdução supersticiosa, a qual nasce da vaidade do luxo, da vaidade da arrogância e da vaidade da fortuna.

Era preciso, com efeito, que muitas vaidades concorressem para poderem formar a vaidade da nobreza; era preciso que muitas vaidades se ajuntassem (todas sutis e especulativas) para fazer que os homens cressem que os acidentes do tempo, da fortuna e da desgraça se podiam de tal sorte infundir no sangue, que a um constituíssem sangue nobre e a outro fizessem sangue vil. A nobreza e a vileza, são substâncias incorpóreas, porque são vãs; e se é verdade que podem estar no sangue será talvez por algum modo intelectivo, imaterial e etéreo; mas parece que nem assim podia ser, porque aquilo que é vão de nenhuma sorte existe. A inexistência da nobreza ainda é menos que a inexistência de uma sombra, porque esta ao menos é um nada que se vê; a imaginação pode fingir uma quimera, porém dar-lhe corpo, não; pode imaginar a quimera da nobreza, porém introduzi-la nas veias nunca pode ser. Os homens enganam-se com o que imaginam; parece-lhes que o mesmo é imaginar que formar, e que é o mesmo idear que ser. O engano, ou a vaidade da nobreza, poderia ter lugar se os homens, assim como a quiseram pôr interiormente em si, se contentassem com a pôr de fora; isto é, se a fizessem consistir nas ações exteriores; perderam-se em buscar o sangue para assento da nobreza; aquele engano ficou visível e fácil de perceber. Todos sabem que a imaginação não pode dar nem tomar corpo: a ilusão do pensamento nunca pode ser mais do que ilusão. O sangue não está sujeito à opinião, só depende das leis do movimento e da matéria; as distinções que o pensamento considera não passam do pensamento, nele ficam, só nele podem existir, no sangue não. A nobreza e a vileza são nomes diferentes, mas não fazem diferentes sangues; estes são iguais em todos; e por mais que a vaidade finja, invente e dissimule, tudo são imagens supostas e fingidas; tudo são opiniões que todos sabem que são falsas; tudo são sonhos de homens acordados. A verdade se ri de ver a gravidade, o gesto e a circunspecção com que as gentes tratam a matéria da nobreza; e de ver que saibam como o sangue se enobrece ao mesmo tempo em que não sabem como ele se faz; de sorte que ainda não conhecem, nem hão de conhecer nunca, a fábrica daquele líquido admirável, mas presumem conhecer-lhe as qualidades; ignoram as qualidades certas e visíveis, e cuidam que não ignoram as que são de uma fantasia irregular e que não constam mais que de uma ficção civil. Daqui veio o reduzir-se a arte àquele mesmo conhecimento, arte rara e vasta, e que tem por objeto não só o estado da sucessão dos homens, mas também o estado ou situação da nobreza deles. Em um breve mapa se vê facilmente, e sem trabalho, o que produziram muitos séculos; ali se acham colocados (como se estivessem vivos) os ilustres ascendentes da pobreza humana; e tudo com tal ordem, e repartição tão clara, que em um instante se compreende a arte; e só em se ver se sabe: no mesmo mapa, ou globo racional, se encontram descritas muitas linhas e distintos lados; e nestes estão introduzidos sutilmente outros lados errantes, desconhecidos, vagos e duvidosos: as regiões que ali se consideram têm aqueles frutos que o tempo consumiu: as árvores, os troncos e os ramos, são de donde estão pendentes. Varões ilustres, armas, escudos, títulos, troféus, mas tudo sem ação nem movimento, tudo ali se pôs menos para exemplo das virtudes que para delícia da vaidade; menos para incitar o desejo de merecer que para servir de lisonja à ociosidade da memória; menos para estímulo da imitação que para despertar o desvanecimento. Nunca a vaidade achou em espaço tão pequeno, maior contentamento. Aquele é o lugar mais próprio em que a nobreza se mostra vestida de pompa e de aparelho: ali é finalmente donde a vaidade, como em um labirinto famoso e agradável, intenta medir o ar, pesar o vento, apalpar as sombras.

Mas por que razão poriam os homens no sangue a qualidade da nobreza? Seria por ser aquela a parte que a vida está mais dependente? Não, porque a vida não depende mais do sangue que de outros muitos líquidos do corpo. O sangue tem na cor mais elegância, move-se e existe em porção maior; mas disso não se segue que a vida dependa mais do sangue, ou tenha dele maior necessidade. A cor é efeito da transposição da luz; a porção muitas vezes faz o nosso mal; e na formação dos mistos é menos importante aquilo que entra neles em mais larga quantidade. Move-se finalmente o sangue; mas que parte haverá no corpo que não tenha um movimento próprio? O que o sangue parece ter de mais é que não necessita da nossa intenção para mover-se; mas isso mesmo tem o corpo em outras partes; e a depravação do movimento de que resulta a convulsão procede de um movimento involuntário. Não achamos, pois, o fundamento por onde os homens quiseram, que fosse o sangue a fonte donde a nobreza se imprime e donde sai. Só nos falta ver se será talvez por entenderem que as sucessões se continuam pelo sangue e que este, derivado de uns a outros, sucessivamente continua em uma mesma descendência, conservando nela um caráter particular, distinto e determinado; e, com efeito, em cada árvore há um tronco comum, de onde nascem muitos ramos, muitas folhas, muitas flores, muitos frutos; estes, ainda quando são muitos no número, sempre conservam a mesma ordem e a mesma identidade na figura; a qualidade é a mesma e igual em todos; e todos reconhecem uma mesma, e universal origem: ali se vê que as produções são separadas, e diversas; mas o tronco progenitor é um. Muitas rosas brotam de uma só roseira; porém todas são rosas; a espécie é a mesma em todas; e por mais que cada uma esteja em diverso ramo, a árvore que as sustenta é uma só. Assim é, já parece, que aquela paridade tomada no reino vegetal tem justa aplicação para o caso da nobreza infundida no sangue e na sucessão; mas não sei se a mesma paridade pode servir de aniquilar inteiramente, ou ao menos de embaraçar o sistema da nobreza de geração (a maior parte dos sistemas comumente está sujeita à variedade do discurso; ainda aqueles a que a prescrição do tempo tem feito adquirir um direito de certeza). O caso é que o sangue dos animais é como o humor nas plantas; estas por meio das raízes atraem a si a umidade fecunda que as faz reverdecer, e é a mesma de que se formam o troncos, os ramos as folhas e os frutos; de sorte que o humor da terra é o que anima a planta: é o seu sangue. Este sangue, ou este humor, será porventura sempre o mesmo em uma planta? Não, porque a terra a cada instante recebe dos outros elementos uma nova vida, isto é, uma umidade nova as águas, que a regam nunca são as mesmas; daqui vem que o sangue de uma planta sempre é outro comparado ao que foi primeiro; e por isso sempre muda de sangue, porque sempre muda de humor; aquele com que nasceu, não é o mesmo que hoje tem: o primeiro parece se extinguiu por uma transpiração lenta, e insensível; e assim o sangue com que está não é o que já teve, porque já não tem o humor que tinha. A conservação das plantas e animais depende de uma contínua mudança de alimento, e por consequência de sangue; este sofre uma dissipação precisa; é necessário que um sangue acabe para dar lugar a outro. Nesta renovação ou reformação de sangue, consiste a vida: a morte vem de ser o sangue o mesmo; a falta de mudança é o que perverte; a constância e estabilidade serve-lhe de ruína.

E, com efeito, se não se perdesse o sangue que se faz nos animais, e o humor que as árvores atraem, donde era possível que coubesse tanto humor e tanto sangue? Que outra coisa é a enfermidade senão um sangue ou um humor que se não dissipa, e está como suspenso? O calor vital, que expulsa um, fabrica outro; algumas coisas há, que para acabarem, basta que subsistam no que são; daqui resulta uma espécie de pasmo: a corrupção do sangue vem de não acabar um para que outro comece; a força do remédio consiste na virtude de expelir e dissipar; a superfluidade procede de se haver o sangue conservado; a conservação o perde não só pela razão de ser pecante, mas pela razão de ser o mesmo. Os poros são como infinitas portas, quase imperceptíveis, por onde o sangue e todos os humores passam continuamente e sem interrupção: a saúde consta de exaltação e desperdição; persiste uma substância porque outra se desvanece. Se acaso aqueles poros se constipam, isto é, se aquelas portas se apertam ou se fecham, e que o sangue fique como preso, e sem sair, então se vê que o sujeito se aflige e desfalece; e se dura ou permanece a reclusão, a morte chega em poucas horas: a arte que conhece a causa da desordem, só cuida em relaxar e abrir os poros comprimidos e cerrados, para que o sangue posto em liberdade se possa livremente perder, dissipar, fugir. A natureza, ambiciosa em conservar, fica inábil para adquirir; a vida não depende tanto do sangue que está feito, como daquele que se vai fazendo: rotas as veias, por elas sai em horrível e espantosa quantidade; debilita-se a natureza, mas se lhe acodem, não acaba; porém se fica em ação para fazer de novo, entra em agonia e se extingue totalmente, naquela elaboração está a vida, neste descanso, a morte.

Ainda as partes sólidas do corpo, de alguma sorte, mudam de substância e se regeneram. O osso duro parece que todo em si é compacto e imutável; mas, contudo, a sua contextura é composta de folhas aderentes, separadas e sobrepostas; por entre vários interstícios circula nele um líquido untuoso que serve-lhe de alimento e sangue; e é também o que, sendo mole, faz que o osso seja forte e firme; dali vem a nutrição, e por consequência a mudança de matéria; porque tudo o que alimenta trabalha em se transformar, ou se converter na coisa alimentada; aquela conversão procede lentamente e apenas se imagina em um corpo duro: nos líquidos é visível e se percebe facilmente. Mas haverá quem diga que ainda que o sangue mude e se renove, basta que fique dele um átomo fermentativo, ou ideia primogênita, para assim se conservar perenemente a qualidade da nobreza. Isto há de dizer o defensor do sangue antigo, não por defender o sangue, mas por defender a nobreza incorporada (sempre é mau que o argumento chegue a tal extremo, que seja forçoso recorrer aos átomos, aos fermentos e às ideias: em causa física não sei se é permitido o recurso para coisas imperceptíveis e invisíveis). No nascimento de uma fonte, quem lançar qualquer porção de água diversa, esta há de sair em brevíssimos instantes; porque aquelas águas continuamente estão mudando de si mesmas: elas são o sangue da terra assim como o sangue são as águas do corpo: todas se mudam e sucessivamente se renovam; as que vêm depois são outras, sem impressão alguma das primeiras, nem se pode imaginar que cada porção de sangue vá deixando (como em memória e penhor de si) alguma porção, ainda que pequena infinitamente; as partes não são extensíveis ou divisíveis em infinito; assim que chegam a uma tal tenuidade acaba-se a divisão. A subsistência tem fim no sangue porque este transpira por uma imensidade de caminhos; nem é compreensível que na massa de um fluido sutil haja alguma parte que tenha o privilégio de ser intranspirável, e que isento das leis universais, vá ficando só para servir de germe qualificador. Quanto mais um licor se move, mais se diminui: naqueles que têm um movimento perpétuo, regular e próprio, a matéria se dissipa à proporção que se sutiliza, nem ainda em um tubo de cristal se pode algum licor conservar inteiro; apenas se faz crível a quantidade de humor que o corpo exala em poucas horas. Concluamos, pois, que o sangue não é donde a nobreza assiste: é um líquido incerto e vago para ser o assento de uma vaidade tão constante. Haja embora no mundo uma nobreza, contanto que não imaginemos que ela tem dentro dos homens uma parte distinta donde habita: seja um ídolo, mas ídolo sem templo. Basta supor que o simulacro é certo, sem entrar no empenho sobre o lugar da dedicação: seja a nobreza como a sombra; esta bem se vê, mas não se pega; sempre está fora do corpo, dentro nunca; tenha a vaidade um culto exterior contanto que ela seja exterior também. Deixemos finalmente o sangue em paz; ele não descansa e todo o seu trabalho é para ser sangue, não para ser este ou aquele sangue: de que serve a arte de introduzir naquele líquido admirável qualidades arbitrárias e civis, se a verdade é que ele só tem as qualidades naturais? Para que fazer do sangue autor daquilo de que só é autora a vaidade?

A história é uma das provas com que a vaidade alega e de que mais se serve na autenticidade da nobreza: prova incerta, duvidosa, fingida e também algumas vezes falsa: nela se veem muitos sucessos famosos, ações, combates, vitórias; muitos nomes a quem essas mesmas ações enobreceram, ilustraram. Mas de quantas ações fará menção a história, que jamais se viram? De quantos sucessos que nunca foram? De quantos combates que nunca se deram? De quantas vitórias que nunca se alcançaram? E de quantos nomes que nunca houve? Não é fácil que, pelas narrações da história, se possa descobrir a verdade dos sucessos; elas comumente se escrevem depois de passados alguns ou muitos séculos, de que se segue que a mesma antiguidade é uma nuvem escura e impenetrável, donde a verdade se perde e esconde. Se a história se escreveu ainda em vida dos heróis, o temor, a inveja, a lisonja bastam para corromper, diminuir, ou acrescentar os fatos sucedidos: por isso já se disse que para ser bom historiador é necessário não ser de nenhuma religião, de nenhum país, de nenhum partido, de nenhuma profissão; e mais que tudo, se se pudesse não ser homem. E, com efeito, se alguém se persuade que há de saber a verdade dos sucessos pela lição da história, engana-se; quando muito o que há de saber, é a história do que os autores escreveram, e não a verdade daquilo que escreveram.

Os historiadores no que mais se esforçam é em pintar cada um a si e introduzirem no que escrevem as suas profissões e inclinações. O orador todo se ocupa em declamações e panegíricos, ainda que os objetos do louvor sejam totalmente indignos dele. O militar não faz mais que buscar ocasião para descrever empresas, muralhas, ângulos, ataques, sítios: uma batalha que nunca houve, ele a faz tão certa que até relata a hora em que começou, como se prosseguiu, o tempo que durou, os incidentes que teve, os nomes dos generais, a forma do combate, os erros ou acertos de uma e outra parte; e finalmente dá a razão por onde se veio a conseguir o vencimento; ainda em um combate verdadeiro, só o historiador teve notícia de infinitas circunstâncias, que tendo sido momentâneas, nenhum dos mesmos combatentes as puderam distinguir, saber, nem ver; se o autor da história é jurisconsulto, logo faz menção de leis, legisladores, direito das gentes e da guerra: a cada passo acha matéria própria para uma larga discussão, e deixando o que pertence à história, ele mesmo se incorpora nela e entra a mostrar o seu caráter: aqui vem que Salústio, sendo historiador, todo se cansa em moralidades, Tácito, em políticas, Tito Lívio, em superstições.

O desejo de contar coisas admiráveis e a vaidade que o historiador tem de manifestar que as sabe são que o faz sempre inventar e escrever sucessos fabulosos. O inventor de coisas raras, extraordinárias e maravilhosas atribui a merecimento seu a admiração que faz nascer no ânimo do leitor crédulo e inocente. A variedade de opiniões na matéria da história faz que esta parte da literatura seja a mais incerta, duvidosa e composta muitas vezes de engano e imposturas. A Heródoto[14] (que passa pelo melhor historiador) chama Cícero[15] autor de fábulas; Diodoro[16] trata de fabulistas aos escritores que lhe precederam, e a ele mesmo trata da mesma sorte Vives[17]. Os Comentários de César não são mais acreditados: Pólio-Asínio[18] os têm por pouco verdadeiros, e Vóssio faz lembrado um escritor que pretende mostrar com provas invencíveis que César nunca passou os Alpes; e que tudo quanto diz da guerra dos francos é falso.

Os historiadores não somente são opostos entre si, mas cada um a si mesmo muitas vezes é contrário. Procópio, na sua história, dá louvores imensos ao imperador Justiniano e à imperatriz Teodora, sua mulher, e a Belisário e Antonina; e nos seus anecdotos os critica excessivamente. Os mármores e bronzes não servem, na história, de provas infalíveis; os monumentos mais antigos têm dado ocasião aos mais celebrados erros: as primeiras conjecturas (bem ou mal fundadas), adquirindo com o tempo a autoridade da história, foram passando à posteridade como coisas certas: temos exemplo na memorável inscrição posta no arco do triunfo de Tito, a qual dizia que antes daquele imperador ninguém tinha tomado nem empreendido o sitiar Jerusalém, sendo que (sem

14. Historiador grego que viveu no século V a.C. (N.E.)

15. Filósofo, orador e político da Roma antiga que viveu entre 106 e 43 a.C. (N.E.)

16. Historiador e filósofo grego que viveu no século I a.C. (N.E.)

17. Filósofo espanhol que viveu entre 1493 e 1540. (N.E.)

18. Político da República Romana. (N.E.)

recorrer à história sagrada, que ainda então poderia ser menos bem sabida dos romanos) aquela cidade foi uma das conquistas de Pompeu, donde procedeu o chamar-lhe Cícero, o seu Jerosolimário. Acresce a isto, que os mais notáveis acontecimentos são os que as histórias mais variam e em que os autores concordam menos. Quantos pareceres têm havido sobre a guerra de Troia? Uns querem que ela fosse verdadeira, outros dizem que não foi mais do que uma bem composta fábula.

Dion Crisóstomo[19], na fé das tradições egípcias, diz que Helena, sendo pedida pelos maiores príncipes da Ásia e Grécia, casara por ordem de seu pai, Tíndaro, com Alexandre, filho de Príamo; e que aqueles príncipes, irritados da preferência, fizeram guerra a Troia; e que enfraquecidos depois pela peste e fome, e juntamente pelas suas mesmas dissenções concluíram a paz com os troianos, em cuja memória tinham feito fabricar um cavalo de madeira, donde se escrevera, em grossas letras, a forma do Tratado; e que finalmente não podendo o cavalo entrar pelas portas da cidade, se havia aberto um pedaço de muralha por onde ele passasse. Porém Pausânias diz o contrário e segura que o cavalo de Troia não fora mais do que uma máquina de bronze que ele vira na cidadela de Atenas; e que tinha servido naquela guerra como instrumento bélico para arrombar e destruir os muros.

Muitos escreveram que Helena nunca fora a Troia: que Páris e Helena foram levados por uma tempestade a uma das bocas do rio Nilo, chamada *Canope,* e de lá conduzidos a Menfis, donde Proteu reinava; este abominara a aleivosia daquele príncipe; e que lançando-o fora do seu reino, retivera a Helena com todas as riquezas que ela tinha: que então Páris[20] se retirara a Troia, e que sendo seguido pelos gregos, dali se originara uma grande e cruel guerra; e que indo depois Menelau ao Egito, lá lhe entregara Proteu a Helena (e juntamente as riquezas todas).

A diversidade de opiniões não é menor em tudo o que respeita a história de Eneias. Alguns escritores dizem que aquele príncipe fora o

19. Filósofo bitiniano que viveu entre 40 e 115 d.C. (N.E.)

20. Na mitologia grega, também conhecido como Alexandre. (N.R.)

que entregara a sua pátria, abrindo uma das portas de Troia aos gregos; outros escrevem, que a viagem do mesmo príncipe à Itália era duvidada por Denis de Halicarnasso, e entre os modernos por Justo Lípsio, por Filipe Cluvier, por Samuel Bochart, e por outros muitos. Metrodoro de Lampsaque não faz dificuldade em crer que os heróis de Homero (Agamemnon, Aquiles, Heitor, Páris e Eneias) nunca existiram no mundo.

A história não é menos incerta a respeito da fundação de Roma: uns dizem que os pelasgos, depois de subjugarem nações várias, fundaram na Itália uma cidade grande a que chamaram Roma, em sinal, ou significação da sua força; porque Roma, em grego, quer dizer *força.* Outros contam que no mesmo dia em que se tomou Troia alguns dos naturais entraram nas embarcações que acharam naquele porto; e que sendo lançados pelos ventos sobre a costa de Toscana, desembarcaram junto ao Tibre; e que entre as mulheres, que não podiam suportar os incômodos do mar, havia uma chamada Roma; e que esta aconselhara as outras que pusessem fogo às embarcações, e que sendo executado aquele arbítrio e conhecendo os maridos a bondade do país, se resolveram a ficar nele; e que fundando uma cidade, lhe puseram o nome da mulher que os obrigara a estabelecer-se ali.

Também há quem diga que Télefo, filho de Hércules, tivera uma filha chamada Roma, a qual casara com Eneias, ou com seu filho Ascânio, de onde procedera o nome da cidade: outros querem que Roma fosse edificada por um filho de Ulisses e de Circe, chamado Romano; outros dizem que Romo, rei dos latinos, fora o primeiro que a habitara (depois de vencidos os tirrenos). Antíoco de Siracusa, que viveu cem anos antes de Aristóteles, escreve que muito antes da guerra de Troia já havia na Itália uma cidade Roma. Sempre é digno de reparo que entre todos os autores que atribuem a Rômulo a fundação de Roma, nenhum concorda com o nascimento e educação daquele fundador.

A mesma diversidade de opiniões se encontra a respeito das sabinas, de Licurgo, e das amazonas. Destas falam Heródoto, Diodoro, Trago-Pompeu, Justino, Pausânias, Plutarco, Quinto Cúrcio e outros. Estrabão nega que as amazonas fossem uma nação que existisse. Palefato é do mesmo parecer. Arriano tem por muito duvidoso tudo quanto se escreveu das amazonas. Outros tomam por amazonas uns exércitos de homens comandados por mulheres e disto há muitos exemplos na história antiga. Os medas e os sabinos obedeciam a rainhas. Semíramis dominava os assírios, Tomiris os citas, Cleópatra os egípcios, Baudiceia os ingleses, e Zenóbia os palmirênios.

Apião crê que as amazonas não eram uma nação particular, mas que assim se chamavam todas as mulheres de qualquer nação que fossem e tivessem por costume o ir à guerra. Outros pretenderam que as amazonas não eram outra coisa mais do que uns povos bárbaros, vestidos de roupas longas e que tinham na cabeça ornatos de mulher. Diodoro de Sicília diz que Hércules, filho de Alcmene, a quem Euristeu pedira que trouxesse o talim de Hipólita, rainha das amazonas, ele, com efeito, as combatera junto às margens do Termodon e destruíra aquela nação guerreira; porém os sucessos mais famosos da história das amazonas são menos antigos que o Hércules grego, filho de Alcmene. Tudo isso relata o tratado singular sobre a opinião e juízo humano.

Não há, pois, certeza alguma em nada. A história profana (porque esta é somente a de que falamos) parece que não foi feita para instruir, senão para enganar. Os autores não se contentaram com enredar o mundo enquanto vivos; quiseram ter o maligno divertimento de deixar na história uma ocupação de estudar enganos: nem todos fizeram por malícia, mas por simplicidade. Essa mesma história é donde a vaidade da nobreza toma o seu princípio, e donde tira as provas de que mais se desvanece; quanto mais antiga a história é, tanto é mais esclarecida a nobreza que se funda nela. Esta sorte de vaidade é universal. As ideias quiméricas sobre antiguidades, não só são próprias a cada um dos homens, mas a todas as gentes e nações; e com tal fatuidade que algumas vão buscar a sua origem antes que o mundo habitável tivesse a sua, e daquele modo eles começaram primeiro do que o mundo. Neste delírio de antiguidade, e por consequência de nobreza, entraram os citas, os frígios, os persas, e os egípcios; estes não pretendiam menos do que sessenta mil anos de antiguidade; e nesta forma, que nação poderia competir com ela naquela parte? Nem os chineses, excessivos em tudo, deitam as suas pretensões tão longe. Assim são os delírios que os homens excogitam: uns para se enobrecerem a si, outros para enobrecerem os seus. Não há meio algum de que aquela vaidade se não sirva; ou seja imaginário, ou falso, tudo serve a quem se quer fazer ilustre; porque crê que o ser ilustre é ser muito mais que homem, ou ao menos alguma coisa mais. O segredo consiste em saber introduzir o engano, e sobretudo em defender o erro, e prevenção, de que os homens podem ser diversos ainda na mesma razão de homens.

Os grandes da antiguidade, ou a nobreza dos antigos, ainda era mais forte e singular que a que se ideou depois; uma e outra têm de comum o serem efeitos da vaidade e consistirem na imaginação de quem não cabe em si; a nobreza, porém, do tempo heroico era em tudo mais subida: nem é para admirar; porque hoje nada é comparável à grandeza esparciata e ao esplendor latino. Os séculos foram desfazendo todos os portentos; a variedade de sucessos e fortunas também foi reduzindo o mundo a um estado de mediocridade; a mesma vaidade da nobreza teve decadência; acabou-se a ficção e desvario em que aquela sorte de nobreza se fundava; ela foi um dos ídolos que caíram. Quando a luz da verdade descerrou as trevas do paganismo, cessaram os oráculos, não responderam mais, emudeceram. A Grécia, pátria comum dos heróis, e donde estes nasciam como em terra fecunda e própria, donde a vaidade da nobreza quis elevar-se ainda acima das estrelas. E, com efeito, Enéias dizia ser filho de Vênus; Aquiles de Tétis; Faetonte de Apolo, Alexandre e Hércules de Júpiter. Estes e muitos outros pretendiam não menos nobre origem que a celeste, como descendentes dos deuses imortais; esta fábula não durou um dia só; e é para admirar que ela tivesse autoridade no conceito de homens polidos, sábios e prudentes, e com tanta força que chegassem a fazer das fábulas religião. Aquela foi a nobreza dos antigos; nobreza que tinha por princípio um engano introduzido e respeitado. Via-se nas mãos de Júpiter o raio, nas de Marte a espada, e nas de Apolo as setas; Tétis dominava as ondas, Vênus a formosura: quem havia de resistir por um aparte à força do poder, e por outra ao encanto da beleza? Ainda quem conhecesse a fábula se havia de namorar do aparato dela. Todos sabem que os homens são iguais enquanto homens; mas nem por isso deixam de entender que há uma nobreza que os distingue, e que os faz ser homens melhores.

Ainda a nobreza dos antigos (depois de acreditado o erro) tinha mais corpo; porque os ilustres iam buscar os seus ascendentes nos seus deuses; e desta sorte ficavam os homens meio humanos, mas não inteiramente. Só assim podiam ser distintos e desiguais na realidade. As distinções permaneceram enquanto duraram as suposições da origem. Conheceu o mundo a impostura e logo os deuses se acabaram, deixando os seus descendentes feito homens como os outros; e com a circunstância que, por haverem tido progenitores altos, ficaram sem nenhum. Depois daquela catástrofe fatal, parece que devia extinguir-se a vaidade da nobreza; mas não foi assim, porque aquela vaidade só mudou de espécie, e o engano, de figura; a mitologia converteu-se em genealogia, humanizou-se. A igualdade sempre foi para os homens uma coisa insuportável; por isso entraram a forjar novos artifícios com que se distinguissem e ficassem desiguais, e não tendo já deuses donde tirassem o princípio da nobreza, entraram a tirá-la de outras muitas vaidades juntas; compuseram uma nobreza toda humana; então nasceu aquela tal nobreza como parto do poder, da pompa e da riqueza: acidentes na verdade exteriores, mas que servem de incrustação no homem, e, ainda que composta de fragmentos, sempre forma um ornato matizado e agradável; bem se vê que a viveza dos esmaltes e das conchas, não penetra a substância interior, e que o muro tosco não fica mudado, coberto sim; mas que importa se a gala frágil que o reveste o enobrece.

Na propagação dos animais observa a natureza a mesma ordem; desta sempre vem a resultar a mesma forma, e as mesmas circunstâncias: os indivíduos de cada espécie, porém, não são tão uniformes que não tenham entre si um caráter particular com que se distinguem uns dos outros. Nas famílias se notam feições determinadas pelas quais são conhecidos os que vêm da mesma parte; o mesmo ar no gesto, ou na figura persiste em muitas linhas descendentes; e de tal sorte que algumas são reconhecidas por uma formosura sucessiva e outras também o são por uma fealdade hereditária. As mesmas nações se mostram diferentes por um aspecto, ou semblante próprio, que a natureza afeta em cada uma delas. A cor é um sinal demonstrativo, regular e indelével que a mesma natureza imprime nas gentes de cada clima ou região; e dessa cor procedem outras cores mistas, ou modificadas, que indicam o grau e concorrência de nações diversas, mas unidas; de gentes separadas, mas juntas; de famílias estranhas, mas naturalizadas. Aquela é a marca que a providência pôs nos homens; marca perpétua, enquanto eles se perpetuam dentro da sua mesma esfera, mas temporal e extinguível por meio de uma nova composição. Até nas plantas se encontra a mesma economia; elas têm sinais por onde se distinguem; uns perseverantes, outros mutáveis. A arte que concilia entre si plantas diversas, ou as conserva (e faz permanecer no estado primitivo) ou as altera (e muda para outro), ela força o tronco a sustentar ramos alheios, a vestir-se de folhas desconhecidas e a produzir frutos adulterinos. Ainda nas coisas insensíveis tem às vezes lugar a violência. Assim se constrange a natureza a que siga um caminho errado e que em certos casos não liga as suas leis, mas as leis da indústria e do artifício; daqui vem que é útil que a nossa inteligência seja limitada; se não o fosse, apenas teria a terra liberdade para fazer nascer, como quisesse, a menor flor dos campos. Quantas vezes não se faz o mal porque se não sabe fazer? Aquela ignorância nos preserva; mas nem por isso valemos mais, porque o merecimento é da ignorância, e não nosso.

Já vimos que os homens quando vêm ao mundo já trazem um sinal de distinção e diferença, e que este os faz distinguir e conhecer. Daqui parece que resulta uma indução forte a favor da nobreza originária: mas que argumento débil é que se tira de uma distinção visível, constante e material para outra que é somente imaginária; de uma que se faz naturalmente para outra que civilmente se fabrica; de uma que é de instituição do mundo para outra que é da instituição dos homens; de uma que é totalmente independente para outra que é arbitrária; de uma que tem por princípio a mesma providência para outra que procede da fortuna; e finalmente de uma que é fundada em regras infalíveis para outra que somente é fundada em vaidade?

Nesta parte, a razão tirada da semelhança não convence. Com um só caráter se podem formar letras infinitas, todas iguais e semelhantes, mas nem por isso as letras têm nada do caráter impressor. Este imprime mas não se comunica; dá a semelhança, a sua substância não; o metal de que é composto não dá de si mais do que a figura. Muitas estampas vêm de um mesmo molde; todas são iguais e parecidas, mas nenhuma tem do molde mais do que o contorno. A sombra vem do corpo que tem oposta a luz, de sorte que não há sombra donde não há luz e corpo; mas nem por isso a sombra recebe em si propriedade alguma nem do corpo nem da luz. O produzir uma coisa não é o mesmo que reproduzir-se.

A vida, ou espírito vital, que passando de uns a outros vai fazendo a descendência dos mortais, parece que indica de algum modo a existência da nobreza originária; e, com efeito, se a vida se transfere sendo mais, por que não há de transferir-se a nobreza sendo menos? A vida é transmissível e assim deve ser também a nobreza que a acompanha. Porém não tiremos erradas consequências. A vida não se pode dizer que é transferível, e ainda que o fosse, nem por isso ficava sendo transferível a nobreza: só o que existe fisicamente se transfere, mas não aquilo que só tem uma existência mental. Tudo o que consta de imaginação unicamente nem se passa, nem se dá, nem se transmite. A vida com que vive um não é a mesma com que outro vive; a imaginação de um não é a mesma que outro tem. A vaidade desperta a imaginação ou ideia de nobreza, esta não vem como imaginação herdada, mas adquirida; e ninguém sabe que a tem, ou que a não tem, senão depois que a imagina; naquela imaginação o que se ganha ou perde é um pensamento; e este quando é falso não tem menos entidade que quando é verdadeiro; porque nas coisas vãs, a verdade não vale mais do que a mentira.

A vida consiste no movimento, quem primeiro o causa é o que se diz ser princípio dele; mas não se segue daqui que a causa que depois se move fique com alguma porção do princípio que a moveu. O braço quando move um corpo não se comunica a ele; e esse corpo não recebe em si mais do que um impulso; o braço não põe mais do que a força que serve de princípio ao movimento, mas nem por isso fica o corpo que se moveu com alguma parte do braço que o fez mover. Em uma mesma luz se podem acender muitas mil luzes, mas nenhuma destas participa ou tem em si nada da primeira; cada uma arde em substância própria, distinta e separada; o que as distingue é a matéria que lhes vai servindo de alimento, e não a primeira luz donde começaram. O incêndio não é menos ativo, ou menos nobre, aquele que nasceu de uma faísca errante do que aquele que viria de um fogo guardado no templo das Vestais. Quem há de intitular ilustre a chama porque veio de outra que diziam consagrada? E humilde aquela que procedeu de outra que não tinha circunstância? Uma pedra preciosa regula-se-lhe o valor pela perfeição que ela mostra em si; a que nasceu no monte Olimpo não é por isso mais esclarecida do que aquela que se achou em um vale rústico e profundo. Só para o homem estava guardado o serem distintos uns dos outros, e o distinguirem-se não pelo valor de cada um, mas pelo valor das coisas que os distinguem. A nobreza foi a maior máquina que a vaidade dos homens inventou; máquina admirável porque, sendo grande, toda se compõe de nada. As outras vaidades parecem que são menos vãs; porque sempre têm algum objeto visível e manifesto: mas por isso mesmo a vaidade da nobreza é uma vaidade sem remédio; mal incurável porque se não vê.

Assim é, mas quem há de haver que negue que a nobreza, ou essa coisa vã, é útil, necessária e bem imaginada? Que importa que uma coisa seja na realidade nada, se os efeitos que produz são alguma coisa? Os efeitos da nobreza são muitos; ela dá merecimento, valor, saber e a quem não tem nem ciência, nem valor, nem merecimento; ela serve para fazer venerado a quem o não deve ser; ela faz que o crime fique muitas vezes impunido; que a desordem se encubra e se disfarce; e que a soberba, a arrogância e a altivez fiquem parecendo naturais e justas: finalmente, a vaidade da nobreza até se desvanece com a vileza das ações; estas ainda quando são vis, infames, torpes e odiosas, nem por isso envilecem ou infamam a quem as faz; antes da mesma enormidade das ações se tira um novo lustre, ou nova prova da nobreza: o ponto é contar uma longa série de ilustres ascendentes para que um nobre fique dispensado das leis da sociedade e de formalidades civis, e também habilitado para que possa livremente, e sem reparo, perder o pejo, a honra, a verdade e a consciência. Desta sorte vem a nobreza a ser um meio por onde o vício se autoriza, o crime se justifica e a vaidade se fortalece. Cuidam os nobres que a nobreza lhes permite tudo, mas cuidam mal;

porque o certo é que a nobreza bem entendida não se fez para canonizar o erro; ela foi sabiamente achada para servir de estímulo e companheira das virtudes; para enobrecer as ações ilustres e não para ilustrar as viciosas; para ser atendida pelo que obrasse digno de atenção e não pelo que fizesse indignamente; para servir a razão e não para a dominar; para ser exemplo e não regra; para fazer os homens bons e não para os perverter; para os distinguir pela nobreza do espírito e não pela nobreza da carne; para os fazer melhores de uma melhoria de ânimo e não de corpo; finalmente, para fazer mais clara a luz e não a sombra.

Por isso o sábio rei (que ainda há pouco perdemos, e de quem a feliz memória a cada passo renova em nós a mais entranhável dor) nunca olhou para a nobreza enquanto a via só, mas sim quando a via acompanhada de ações nobres; nunca atendeu à nobreza das origens, mas sim à nobreza dos sujeitos; considerava os homens primeiro pela qualidade das virtudes e pelas outras qualidades depois; o conceito que fazia era que a nobreza não era no homem parte principal, mas sim parte ajuntada, que só servia de o ornar, não de o fazer. Aquele mesmo rei foi o terror da nobreza arrogante e destemida; esta sempre tinha os olhos assombrados de ver a cada instante fuzilar o raio; e de ver armado sempre o braço poderoso; mas armado ao mesmo tempo de justiça, de piedade, de furor e de compaixão. Deste modo governou em paz e nos deixou a paz; por isso a mágoa de o perder foi e há de ser infinita em nós; e as nossas lágrimas apenas poderão mitigar-se alguma vez, suspender-se, nunca. Acabou aquele monarca augusto e parece que não tanto pela fatal necessidade de acabar, como para que trocado em altar o trono, o respeito em culto e o obséquio em adoração, o pudéssemos invocar. Subiu ao estado de imortal para ser nume tutelar do Império Português; e em um príncipe (o mais prudente e moderado que o mundo viu) nos deixou um rei benigno, pio, generoso, justo, protetor; assim ficou disposta a nossa consolação e seria menos forte a nossa pena se pudesse ser o haver remédio para a saudade.

Um dos abusos que o tempo e a vaidade introduziram foi a nobreza; esta porém sendo tomada nos termos da sua primeira infância, ou na ideia com que foi criada, é verdadeira e útil; e nestes mesmos termos ninguém lhe pode disputar nem a utilidade, nem a verdade da existência. Por nobre entendiam os antigos um herói, isto é, um homem distinto dos demais homens, e distinto por si, não por outros; pelas suas próprias ações, não pelas ações alheias. O heroísmo e a nobreza eram qualidades pessoais, não hereditárias; uma e outra dependiam de ações heroicas, e em ambas era necessário o requisito do poder; se este cessava extinguia-se a nobreza. Deste modo é que antigamente haviam nobres, porque em todo o tempo houveram poderosos; estes ficavam distintos por grandeza, não por natureza; passava a nobreza de uns a outros quando o poder também passava; de uma e outra coisa se formava uma herança indivisível. Acabada a nobreza por falta do luzimento, se este depois tornava, não fazia ressuscitar a nobreza já perdida; compunha-se outra nova e esta não era de menor entidade, ou menos nobre que a primeira. O tempo não é o que enobrece. Os séculos, que envelhecem tudo, só a nobreza não haviam de fazer caduca? Os anos tudo diminuem, e só a nobreza haviam de fazer maior? Uma flor moderna não tem menos graça do que uma flor antiga. A verdura com que a primavera se reveste, já no outono fica prostrada e macilenta. As estrelas começaram com o mundo e nem por isso brilham mais; aquilo que depende de mais ou menos tempo é frágil. A vaidade até se quer aproveitar das horas, e dos dias que passaram. Por aquele modo de entender, cresce a vaidade, a nobreza não. Que pouco o cuidam os homens em que há uma eternidade, e que a duração do mundo não é mais do que um instante!

Se há nos homens diferença, esta só se acha nos cetros e coroas; os que dominam a terra têm a semelhança dos humanos, mas não sei que têm demais: têm o mesmo ser para serem homens, mas não para serem como os mais homens; quem os fez maiores foi a providência, só esta podia influir diversidade no que é o mesmo; podia fazer que uma identidade fosse diferente de outra da mesma espécie; e podia, debaixo da mesma forma e dos mesmos acidentes, fazer uma natureza desigual. Deus é a origem do poder dos reis, estes são independentes da fortuna; porque o poder supremo só Deus que o dá, ou tira. As revoluções particulares parecem que resultam de uma economia certa; as dos monarcas não sucedem sem decreto especial. Aqueles a quem a providência fez árbitros do mundo, a mesma providência os distinguiu: os outros homens fazem-se distintos à proporção do favor supremo que os distingue. Assiste, pois, a distinção dos homens só na vontade ou coração dos reis; esta é a origem verdadeira da nobreza. Os reis são os que glorificam os homens, isto é os que os enobrecem; e desta sorte recebem a nobreza por graça, não por sucessão; por favor, não por herança; permanecem nobres enquanto permanece a graça que os ilustra; persiste aquela prerrogativa enquanto o favor existe; se este se retira, logo a nobreza acaba. A luz toda se emprega nos objetos e estes ficam claros, mas é por força de uma luz que não é sua. Se o sol se esconde, ficam os objetos escuros e escondidos. As coisas não nascem com as qualidades que se veem; os homens não vêm ao mundo sábios, justos, prudentes, virtuosos, bons; e do mesmo modo não vêm nobres; cá acham a nobreza como uma parte posterior e auxiliar, que se pode unir e agregar depois; acham muitas vaidades, e entre elas uma ocupada em crer que a nobreza é qualidade fixa, própria, interior e inseparável; e por mais que os sentidos e a razão mostrem o contrário, nem por isso aquela vaidade se deixa convencer. Tiremos por um pouco aos homens a faculdade que eles têm de se explicar; suponhamos que não falam, talvez que então se vejam iguais todos; a incapacidade e o silêncio sabem mais: tiremos também por um instante aos homens a alma racional e então veremos a nobreza com que ficam. Esta tal nobreza, ou a sua vaidade negando as suposições, fica livre do argumento.

www.ingramcontent.com/pod-product-compliance
Ingram Content Group UK Ltd.
Pitfield, Milton Keynes, MK11 3LW, UK
UKHW040259300826
14791UKWH00002B/594